Thomas Knubben, Professor für Kulturwissenschaft und Kulturmanagement an der Pädagogischen Hochschule in Ludwigsburg. Mitglied im deutschen PEN.

Uta Kutter, Professorin, Direktorin der Akademie für gesprochenes Wort – Uta-Kutter-Stiftung Stuttgart.

Hubert Klöpfer, Verleger, Herausgeber der literarischen ›KrönerEditionKlöpfer‹. Mitglied im deutschen PEN.

Die **Akademie für gesprochenes Wort** wurde 1993 als private Stiftung von Prof. Uta Kutter gegründet und ist auf den Feldern der Kunst und Kultur sowie der Wissenschaft und Bildung tätig. Zweck der Akademie ist die Förderung der Kultur der gesprochenen Sprache und der Dichtung. Mit unterschiedlichen Veranstaltungsformen und Projekten der Hör-, Sprach- und Sprechentwicklung vermittelt die Akademie die Kultur der Freien Rede, des Dialogs und der Diskussion (https://gesprochenes-wort.de).

Das **PEN-Zentrum Deutschland** ist eine von derzeit weltweit 150 Schriftstellervereinigungen, die im PEN International zusammengeschlossen sind. PEN steht für Poets, Essayists, Novelists. Die ursprünglich 1921 in England gegründete Vereinigung hat sich als Anwalt des freien Wortes etabliert und gilt als Stimme verfolgter und unterdrückter Schriftsteller und Schriftstellerinnen (www.pen-deutschland.de).

Thomas Knubben,
Uta Kutter, Hubert Klöpfer (Hg.)

Wächst das Rettende auch?

Eine Preisfrage mit 20 prämierten Texten,
Zeichnungen von Dan Perjovschi
und einem Nachwort von Kurt Oesterle

Kröner Verlag

Der Akademie-Preis und die Publikation
wurden gefördert von:

Stadt Stuttgart
Stadt Tübingen
Stiftung Landesbank Baden-Württemberg
Dr. Dieter und Dr. Susanne Wolfram Stiftung
Wüstenrot Stiftung
Osiandersche Buchhandlung Tübingen
Alfred Kröner Verlag Stuttgart

Inhalt

UTA KUTTER, REGULA VENSKE
Vorwort 7

THOMAS KNUBBEN
Wo aber Gefahr ist 9

I.

KATRIN SEGLITZ
Nuit Blanche 25

DIERK WOLTERS
Selbstbestimmung. Ein Essay 35

EVA CHRISTINA ZELLER
coronatugend 46

HERIBERT KUHN
Ortstermine, Autopsie 54

PAULINE FÜG
was noch zu retten ist 64

II.

RUTH ERAT
Fragile 77

ROLF SCHWOB
Du bist da 83

MANUEL ZERWAS
»Ich kann nicht atmen« 93

SIMONE TRIEDER
Wichtig sind Tage, die 94

GÜNTER DETRO
Mit der guten Nachricht wächst das Rettende 102

CHRISTINA MÜLLER
Krise schreibt Geschichte 104

III.

BERND WATZKA
Sandland. Leben nach dem Klimakollaps   119

IV.

CAROLINA SCHUTTI
Wunderbar, sagt die Mutter. Wunderbar, sagen wir   145

CLAIRE WALKA
Katzenherz.   157

ANKE LAUFER
Emma und Eve.   164

V.

VOLKER DEMUTH
Fossiles Futter.   179

OZAN ZAKARIYA KESKINKILIÇ
jetzt nicht an gog und magog denken   189

SUSANNE NEUFFER
Topinambur oder Störung der Totenruhe   192

NORBERT AUTENRIETH
Vogelschiss   204

SIMONE SCHARBERT
Vom Rand aus   214

Nachwort

KURT OESTERLE
Ein Vers wie ein Kugelblitz   227

FRIEDRICH HÖLDERLIN
Patmos.   239

Autorinnen und Autoren   247

Impressum   256

Vorwort

Die Welt durchlebt aktuell die größte Krise seit dem Zweiten Weltkrieg. Die Pandemie bedroht jede und jeden, immer noch und überall. Und überall wächst das Verlangen nach Rettung, nach medizinischen Lösungen, nach wirtschaftlichen Hilfen, nach Freiheit, Trost und Zuversicht. In dieser eigentümlichen und bedrohlichen Konstellation wurde immer wieder auf Hölderlins berühmten Satz verwiesen: *Wo aber Gefahr ist, wächst das Rettende auch.* Ausgerechnet in den Tagen, in denen das Jubiläum zu seinem 250. Geburtstag begangen werden sollte, erfolgte in Deutschland der erste Corona-Lockdown. Doch welche Aussichten und Einsichten lassen sich aus Hölderlins Versen gewinnen, welche Erkenntnisse und Erfahrungen mit ihnen verbinden? Worauf baut die Zuversicht, worin ist die Hoffnung begründet?

Die Akademie für gesprochenes Wort Stuttgart und das deutsche PEN-Zentrum haben den Schriftstellerinnen und Schriftstellern die Preisfrage gestellt: »Wächst das Rettende auch?« Mehr als 400 Autorinnen und Autoren haben geantwortet und ihre Beiträge in anonymer Form einer Jury unterbreitet. Dieser Band versammelt die 20 preisgekrönten Texte aus Deutschland, Österreich und der Schweiz – Essays, Gedichte, Erzählungen und dramatische Texte, die aus dem Inneren der Erfahrung berichten und über den Tag hinausweisen.

Dass die Preisfrage ausgeschrieben werden konnte und so viel Resonanz erfuhr, ist vielen zu danken. Zunächst den Förderern und Sponsoren, die es ermöglicht haben, die Ausschreibung mit einer respektablen Preissumme zu versehen. Durch sie sollte den Autorinnen und Autoren, die durch die Beschränkungen der Coronakrise vielfach in existenzielle

Sorge gerieten, nicht nur symbolische Anerkennung, sondern auch spürbare materielle Unterstützung zu Teil werden. Unser Dank gilt ferner der siebenköpfigen Jury, die mit Hingabe und Sorgfalt einen enormen Lektüreumfang bewältigt, aus unterschiedlichen Perspektiven gewürdigt und am Ende in großer Geschlossenheit zu ihrer Auswahl von preisgekrönten Texten gefunden hat. Die Jury setzte sich zusammen aus: Luna Al-Mousli, Wien, Hubert Klöpfer, Tübingen, Thomas Knubben, Ravensburg, Sandra Potsch, Tübingen, Anya Schutzbach, St. Gallen, Gert Ueding, Leimen, und Regula Venske, Hamburg.

Bei der Ausschreibung des Preises arbeiteten die Akademie für gesprochenes Wort und das deutsche PEN-Zentrum Hand in Hand. Wir danken unseren Kolleginnen und Mitarbeitern für ihr Engagement bei der Verbreitung der Idee, der Verarbeitung der eingegangenen Texte und der Vorbereitung der Literaturabende, bei denen die ausgezeichneten Texte dem Publikum auch im gesprochenen Wort vorgestellt werden.

Unser größter Dank aber gilt den Dichterinnen und Dichtern, Schriftstellerinnen und Schriftstellern, Autorinnen und Autoren, Dramatikerinnen und Dramatikern, die durch die Preisfrage zu einem Beitrag inspiriert wurden. Die deutsche Sprache kennt viele Begriffe für diejenigen, die mittels Sprache etwas zu sagen haben. Sie waren alle zu diesem Wettbewerb eingeladen und sie hatten alle etwas Wichtiges mitzuteilen, denn »darum ist der Güter Gefährlichstes, die Sprache dem Menschen gegeben ...«.

UTA KUTTER
Direktorin der Akademie
für gesprochenes Wort

REGULA VENSKE
Präsidentin des PEN-
Zentrums Deutschland

THOMAS KNUBBEN

Wo aber Gefahr ist ...

I.

Zum 20. März 2020 machte sich die literarische Welt daran, den 250. Geburtstag Friedrich Hölderlins zu feiern. Mehr als 400 Veranstaltungen – Vorträge, Lesungen, Theateraufführungen, Konzerte und Ausstellungen – wurden in dem vom Deutschen Literaturarchiv Marbach herausgegebenen Programmbuch angekündigt. Ein ganzes Jahr sollten die Festivitäten andauern, ein Höhepunkt rund um den Geburtstag selbst erreicht werden. Die hierfür angesetzten offiziellen Feierlichkeiten markieren die Fallhöhe der gedankenvollen Unternehmung: In einem Festakt am Vorabend des Jubiläums sollte Bundespräsident Frank-Walter Steinmeier in Marbach a.N. die zentrale Ausstellung »Hölderlin, Celan und die Sprache der Poesie« eröffnen, am Geburtstag selbst das mutmaßliche Geburtshaus des Dichters in Lauffen a.N. nach vielen Jahren des Ringens und Renovierens der Öffentlichkeit übergeben werden. Zu beidem ist es nicht gekommen. Am 17. März verkündete das Land Baden-Württemberg in Abstimmung mit der Bundesregierung den ersten Lockdown infolge der Corona-Pandemie. Schulen und Gaststätten wurden geschlossen, desgleichen fast alle Geschäfte und Dienstleistungsbetriebe. Die Menschen wurden aufgefordert zu Hause zu bleiben. Nur wer zum Arzt, zum Arbeiten, zum Einkaufen oder zu wichtigen Terminen, Prüfungen etwa, musste, sollte die Wohnung noch verlassen dürfen, hatte jedoch Abstand zu den Mitmenschen zu halten. Feiern jeder Art wurden verboten, Spaziergänge und Sport nur mit strikten Regeln erlaubt, deren Einhaltung durch die Polizei überwacht. Gleichsam über Nacht kam das Leben zum Stillstand, geriet die Welt in eine Schockstarre. Das Land wurde von unzähligen gläsernen Wänden durchzogen.

In dieser bedrängenden Lage wurden zwei Verse aus Hölderlins *Patmos*-Hymne zum beflügelnden Wort: »Wo aber Gefahr ist, wächst / Das Rettende auch.« Der Bundespräsident zitierte sie in seiner Videobotschaft zur nachgeholten Marbacher Ausstellungseröffnung, die baden-württembergische Wissenschafts- und Kunstministerin Theresia Bauer griff sie auf in ihrem Geleitwort zur Stuttgarter Jubiläumsausstellung »Aufbrüche – Abbrüche. 250 Jahre Friedrich Hölderlin«. Das Wort wurde so geläufig, dass die *Neue Zürcher Zeitung* am 6. April 2021 mitten in der dritten Corona-Welle ernüchtert bilanzierte: »Zuweilen wächst dieses Rettende nicht nur, es schiesst sogar gefährlich ins Kraut.«

Da hatten die *Akademie für gesprochenes Wort* in Stuttgart und das deutsche *PEN-Zentrum* längst schon die Frage nach der Gültigkeit und dem Tiefenwert des Hölderlinwortes aufgeworfen und in Form eines Wettbewerbes um die besten Antworten an die Dichterinnen und Dichter, Essayistinnen und Essayisten, Schriftstellerinnen und Schriftsteller weitergereicht: »Wächst das Rettende auch?«

THOMAS KNUBBEN

II.

Die Frage in dieser Form diesen Adressaten zu stellen, hatte gesellschaftliche, politische und künstlerische Beweggründe. In gesellschaftlicher und politischer Hinsicht warf die Pandemie von Beginn an fundamentale Fragen auf: Was muss getan werden, um die Gefahr für Leib und Leben zu bannen? Ist aber alles, was als notwendig erkannt wird, auch erlaubt? Und wer entscheidet darüber: die Regierung, das Parlament oder am Ende die Gerichte? Woher sollte die Rettung rühren? Der ungeheure Handlungsdruck verwischte die Grenzen der Zuständigkeit, rief die parlamentarischen Fraktionen, die Gerichte und diverse gegnerische Gruppen auf den Plan. Ein breiterer gesellschaftlicher Diskurs fand kaum statt. Er zerbröselte in unzähligen Interessenvertretungen oder wurde auf Talkshowformat getrimmt. Zu den gläsernen Wänden gesellten sich mentale Bunker, in denen selbsternannte »Querdenker« als Usurpatoren eines zuvor frohgemuten und offenen Begriffs ihr Unwesen trieben und treiben.

Doch wo blieben die Einwürfe der Künstler, der wahren Frei- und Kreuz- und Querdenker? Fehlten ihnen die Worte, die Bilder, die Töne? Waren sie zu sehr mit dem eigenen Überleben beschäftigt? Der Lockdown mit seinen Abertausenden von abgesagten Aufführungen, Lesungen und Ausstellungen hatte ihnen offensichtlich die letzten Reserven geraubt. Wie Studien des Forschungsinstituts Prognos und der Wirtschaftsberatung Ernst & Young von Anfang 2021 zeigen, gehört der Kunst- und Kultursektor tatsächlich zu den großen Verlierern der Pandemie. Leidtragende dabei sind insbesondere die Soloselbständigen und Freiberufler, zu denen ein Großteil der Autoren, Musiker, darstellenden und bildenden Künstler zählt. Gerade denjenigen, die gemeinhin als Sensoren für gesellschaftliche Entwicklungen gelten, wurde die Existenzgrundlage entzogen. Sie scheinen ihren Mut verloren, ihre Antennen eingezogen, sich in den Elfenbeinturm zurückgezogen zu haben. Nur einmal hat sich eine forsche Schar von Schauspielerinnen und Schauspielern mit der ironisch gemeinten Videokampagne »allesdichtmachen« an die Öffentlichkeit gewagt und wurde dafür ob des inhaltlichen wie formalen Ungenügens fürchterlich geprügelt.

III.

Vor diesem Hintergrund entfaltete sich die Preisfrage der Akademie für gesprochenes Wort und des PEN. Sie griff im Hölderlinjahr ein Diskursformat auf, das im Zeitalter der Aufklärung aufgekommen war und den Austausch zwischen Wissenschaft, Literatur und Gesellschaft beförderte. Aktuell sollte sie den deutschsprachigen Autorinnen und Autoren in der Pandemie eine Stimme verleihen, waren es doch zumeist Schriftsteller, von Giovanni Boccaccio und Daniel Defoe über Mary Shelley, Thomas Mann und Albert Camus bis hin zu José Saramago, Philip Roth und Stephen King, die die Erfahrung von Epidemien in Worte und Bilder gefasst und sie so dem kommunikativen Austausch und der kollektiven Erinnerung verfügbar gemacht haben.

In welcher Form, ob im Gedicht, in einer Erzählung, in einer dramatischen Szene oder in einem Essay, die Teilnehmenden sich mit der Frage nach dem Rettenden auseinandersetzten, sollte ihnen selbst überlassen bleiben, ganz im Sinne Hölderlins, »daß wir das Offene schauen, daß ein Eigenes wir suchen, so weit es auch ist.« Begrenzt wurde lediglich der Umfang der möglichen Einsendungen: Sie sollten nicht mehr als 15.000 Zeichen umfassen. Genau so viel Raum benötigte Immanuel Kant, als er 1784 seine berühmte Antwort auf die Frage »Was ist Aufklärung?« gab. Außerdem mussten die Beiträge anonym eingesandt werden, so dass nur das Wort – der Name sei Schall und Rauch – als Grundlage für die Bewertung durch eine unabhängige, in jeder Hinsicht divers zusammengestellte Jury dienen sollte.

Am Ende sind im Laufe von drei Monaten zwischen 1. Dezember 2020 und 28. Februar 2021 mehr als 400 Beiträge eingegangen.

IV.

Dieser Band vereint, in fünf Kapitel gegliedert, die 20 prämierten Texte. Sechs davon wurden mit einem Hautpreis, 14 weitere mit einem Anerkennungspreis ausgezeichnet. Die Beiträge dieser Autorinnen und Autoren werden nachfolgend mit besonderer Gewichtung auf den Hauptpreisträgerinnen und -preisträgern aus der Perspektive der Jurorinnen und Juroren näher vorgestellt.

Die Texte im *ersten Kapitel* referieren dezidiert auf Hölderlin, greifen Szenen aus seinem Leben oder Motive aus seinem Werk auf und beziehen sie direkt oder indirekt auf die Leitfrage. Den Auftakt gibt *Katrin Seglitz* mit ihrem Stück *Nuit Blanche*. Sie imaginiert eine Szene in Paris, eine schlaflose Nacht, in der Jakob Friedrich Gontard, der Gatte von Hölderlins Frankfurter Liebe Susette, über die Beziehungen in diesem Dreiecksverhältnis nachsinnt. Er erinnert die Gefahren, die ihr innewohnten, und beziffert als Bankier, der er ist, noch mehr aber als Mensch, der sich erkennt, die Verluste, die daraus erwuchsen. Katrin Seglitz nimmt dieses gelebte

›Liebesdrama‹, nimmt seinen ›Stoff‹ auf, dreht und wendet ihn zum reflektierten ›Psychodrama‹, in das sie, die Einheit von Zeit und Ort beständig wahrend, Motive der aktuellen Bedrohung einflicht. Ein großartiges, sprachmächtig-suggestives Stück ›Seelenarbeit‹, in dem ein gepeinigter Mensch Rettung sucht und dort wohl findet, wo er sie nicht vermutet hätte.

Anschaulich, unterhaltsam und bilderreich umkreist *Dirk Wolters* in seinem Essay Hölderlins *Patmos*-Zitat und setzt es in Relation zur Preisfrage. Gut strukturiert und nachvollziehbar hangelt er sich dabei von Hölderlins nur schwer zu verstehenden Textgebirgen zu jenem Einzelzitat, analysiert es in seiner Satzstruktur und seinem grammatikalischen Aufbau und erörtert, was das mit der Preisfrage hinzugekommene Fragezeichen bewirkt. Durch Beispiele, Zitate, gut gewählte Metaphern holt er seine Leser*innen immer wieder ab. Versetzt mit mündlichen Elementen und Einschüben, gestaltet er dabei sprachlich, was der Essay im besten Sinne kann und soll: ein lautes Denken. In Hölderlins Zitat findet Wolters ein Ideal des »Über-sich-Hinauswachsens« formuliert, eine Hoffnung auf eine Verbesserung der Missstände im gedanklichen Ausbruch aus den vorgefundenen Verhältnissen. Und er macht deutlich, wie sich der daraus entwickelte Aufbruch in unserem heutigen Umgang mit Problemen und Gefahren etabliert hat: im Vertrauen auf Selbstbestimmung und Resilienz, das durch das Fragezeichen der Preisfrage jedoch ins Wanken gerät. In diesem Zweifel erkennt er indes eine Chance, denn er sorgt dafür, dass man sich der Missstände und Gefahren bewusst wird und dennoch mit zuversichtlichem Tatendrang dagegenhält.

Heribert Kuhn unternimmt in seinem Beitrag *Ortstermine, Autopsie* eine Recherche in der dunkelsten Epoche der Hölderlin-Rezeption. Ganz harmlos, fast beiläufig nähert er sich dem ideologischen Missbrauch des Dichters durch die Nazis, dokumentiert in der zur geistigen Aufrüstung der Soldaten hunderttausendfach verbreiteten ›Feldauswahl‹ seiner Gedichte. Seine Autopsie von Texten und Kontexten vollzieht sich dabei im Wechselspiel von philologischem und medizinischem Sezieren, das in einer finalen Wendung, einem überraschenden Atemzug, den Bezug zur Gegenwart eröffnet.

Eva Christina Zeller versammelt unter dem Titel *corona-tugend* Gedichte, die das ins Zentrum rücken, was fortwährt, auch wenn die Geschäfte geschlossen sind, das gesellschaftliche Leben brachliegt und die Welt vermeintlich stillsteht: die Natur. Eine Natur, die sich inmitten des urbanen Raums auftut, mit Sirenen, Handymusik und Stand-Up-Paddlern koexistiert. Es sind Natur-Beschreibungen in einer Sprache, die einen rhythmisch wiegenden Fluss erzeugt, der die Leserinnen und Leser unweigerlich hineinzieht.

Auch *Pauline Füg* nähert sich der Preisfrage in einem Lyrikzyklus, der den thematischen Bezug schon im Titel *was noch zu retten ist* herstellt. Der Text hat etwas Schwebendes. Er atmet das Lost-sein im Leben unserer Tage und gleitet ungehindert vom Innen ins Außen und zurück, die Grenzen sind ohnehin verwischt. Als Orientierungspunkte liefert die Autorin Schlüsselszenen der Gegenwart in unterschiedlicher Konkretion, verteilt sie unterwegs und schafft so immer wieder Bodenhaftung.

Das *zweite Kapitel* thematisiert mannigfache Erfahrungen und Wahrnehmungen im Zuge der Corona-Pandemie. Die Preisfrage wird hier zum auslösenden Moment der Erkundung unterschiedlicher Befindlichkeiten und existenzieller Bedrängnis. Dies beginnt mit *Ruth Erats* Text *Fragile*. Zwi-

schen lyrisch andeutender Anschauung und stenogramm-
artiger Bestandsaufnahme wechselnd, reagiert er auf einen
abrupten Lebenseinschnitt, von dem wir erst gegen Ende
erfahren. Der Ehemann der Chronistin steht vor einer le-
bensbedrohlichen Krebsoperation: Mit einem Schlage hat
sich alles verändert. Lebensgefühl, Wohnsitz, Arbeit stehen
zur Disposition, der Blick auf Menschen, auf Landschaft, auf
Bücher ist nicht mehr derselbe. Sieben Stationen des Verfalls
jeder Sicherheit notiert die Autorin. Individuelle Stimmung
verfestigt sich zu Bildern, zu sentenzenhaften Formulierun-
gen, katalogartigen Aufzeichnungen. Der kurze Text entfaltet
sich in einem erstaunlichen Reichtum an Redeformen, versucht, Distanz zu gewinnen, kapituliert, kehrt zur Standort-
bestimmung zurück. Die Welt ist entzweigebrochen und diese Erfahrung gewinnt hier sinnliche Anschaulichkeit, dichte
Bildlichkeit und gedankliche Schärfe zugleich.

Einfühlsam, authentisch und ergreifend beschreibt die Erzählung *Du bist da* von *Ralf Schwob* die Innensicht eines alten,
dementen Mannes im Lockdown. Während ihm in seiner
Wohnung die Namen und Ereignisse, die Wochentage und
Tageszeiten verschwimmen, dringt die äußere Welt nur noch
durch das Pflegepersonal, den Fernseher und die Bushaltestelle auf der anderen Straßenseite zu ihm durch. So bemerkt
er nur langsam, dass irgendetwas nicht stimmt: Der Essensdienst trägt eine Maske, die Kanzlerin spricht besorgt in die
Kamera, seine Pflegerin ist »in Quarantäne«. Doch zieht alles
immer viel zu schnell an ihm vorbei, als dass er es richtig verstehen könnte. Sein Zeitempfinden stimmt nicht mehr mit
jenem seiner Mitmenschen überein, die hastig ihre Arbeit
verrichten, während er im Denken, Sprechen und Handeln
stets hinterherhinkt. Dabei gelingt es Ralf Schwob, die Leserinnen und Leser durch die Sprache und Gedankenführung

seines Textes ganz in die Perspektive des Mannes hineinzuziehen und somit einer von der aktuellen Corona-Pandemie besonders drastisch betroffenen Personengruppe eine Stimme zu verleihen. In seiner Einsamkeit bleibt ihm nur seine längst verstorbene Frau, die wie ein Gespenst durch die Wohnung geistert, ihm im Spiegel, am Küchentisch, am Bettrand begegnet. Sie ist da, auch, als er mitten in der Nacht erwacht und im Schlafanzug auf die Straße geht. Eine mitreißende Erzählung mit offenem Ende.

Manuel Zerwas kreuzt in seinem Gedicht »*Ich kann nicht atmen*« zwei Bewegungen, die »über das Land und über die Meere« krochen – die Corona-Pandemie und das *Black lives matter*-Movement. Mit wenigen Worten, grafisch gesteigert, wird der Kampf um den letzten Atemzug und der Appell an die Wahrung der menschlichen Würde poetisch gefasst.

Simone Trieder vergegenwärtigt in ihrem Text *Wichtig sind Tage, die* Erlebnisse der Ich-Erzählerin im Frühjahr 2020. Die Pandemie wird nicht ausdrücklich genannt, sie lauert aber im Hintergrund. Rausgehen, Rausschauen, Drinnenbleiben und, so ist man versucht zu ergänzen, Insichschauen bieten vier Modalitäten der Selbstbeschäftigung. Sie ernüchtern: Die Fahrradtour durch die Pampa im Umfeld Halles offenbart eine vergewaltigte Natur, der Blick auf die Routinen der Nachbarn verunsichert mehr, als dass er Verbindung schafft, die eigene Wohnung konfrontiert allenthalben mit ungewollten Erinnerungen. Da ertönt im Radio plötzlich ein alter polnischer Song. Er katapultiert die Erzählerin zurück in die 70er-Jahre, in die frühe Jugend und die olle DDR. Ein einst gefühltes Gefühl, sie nennt es treffend das »Schlittenfahrgefühl« der Kindheit, stellt sich ein und eröffnet im Blick zurück eine Perspektive nach vorn: Sie ist nicht allein.

Günter Detros Beitrag *Mit der guten Nachricht wächst das Rettende* schildert aufgeregt eine turbulente Fahrt durch den Regen. Hektik ist in jedem Bild, jedem Wort spürbar. Kurze, abgerissene Sätze übertragen die Panik des Fahrers auf den Leser, die Leserin, bis ein Klingeln des Telefons alles wendet und die Spannung befreiend löst.

Von den Nöten einer Lehrerin vor, während und nach der Corona-Pandemie berichtet *Christina Müller* in ihrer kleinen Chronik *Krise schreibt Geschichte*. Die Herausforderungen, einen für alle Beteiligten befriedigenden Unterricht zu gestalten, bestanden schon vor der Krise, nun aber werden sie (fast) unbeherrschbar, bringen Lehrerin und Schüler*innen an den Rand des Burnouts – und versprechen zugleich einen Neuanfang, die Rettung, den Ausweg aus mannigfachen Blockaden. Die Geschichte schildert pointiert die Phasen der Krise und ihre Merkmale. Mit Hingabe, Scharfsinn und einem gerüttelt Maß an Ironie wird plastisch vor Augen geführt, woran die Welt und mit ihr die Schule leidet und wie ein Aufbruch zu Neuem im Lernen von den, mit den und durch die Schüler*innen gelingen könnte.

Das *dritte Kapitel* bildet ein einzelner szenischer Text: *Sandland. Leben nach dem Klimakollaps* des österreichischen Dramatikers *Bernd Watzka*. Eine Apokalypse in fünf Akten. Die Geschichte erst dreier, dann zweier männlicher Gestalten, die versunken im Sand ihren letzten Kampf ausfechten. Das aufwühlend-beklemmende Endspiel einer Unheilsgeschichte. Ausgemalt und gegeben aus der Jetztzeit *vor* dem Zusammenbruch, als die *fridays for future*-Bewegten »noch unbewaffnet waren«. *Sandland* ist ein kleines großes Stück, ein Lehr- und Meisterstück auch in Sachen Dramaturgie. Eines, das hineinzieht, irritiert, packt. Zwar so gar nicht lustig, aber anspielungs- und beziehungsreich, mit viel Esprit. Und Sarkasmus pur. Das Lachen bleibt einem im Halse stecken. Ja, die große Gefahr ist da, lange Zeit schon. Aber wächst das Rettende auch? Halt! Einspruch: »mehr ist im Moment nicht drin.« Man möchte das Stück unbedingt auf der Bühne sehen.

Im *vierten* Kapitel werden Herausforderungen und Gefahren des Lebens innerhalb und jenseits der Pandemie in verschiedenen Beziehungskonstellationen verhandelt. *Wunderbar, sagt die Mutter. Wunderbar sagen wir* von *Carolina Schutti* erzählt die Geschichte zweier Schwestern mit zwei Vätern. Beide Väter leben nicht mehr, »bestehen aus Wörtern«, sind Erinnerung und uneingelöste Versprechen. Im Gedankenspiel tauschen die Mädchen die Väter, immer präsent aber bleibt die Mutter. Eine bezaubernde Dreiecksgeschichte der anderen Art.

In *Claire Walkas* Short Story *Katzenherz* treffen sich zufällig zwei Außenseiter zwischen den Trümmern eines alten Bahnwärterhäuschens. Er, herzkrank, mit geringer Lebenserwartung, sie, die Ich-Erzählerin, einsam, unbemittelt und doch ein lebensgewandtes, optimistisches Mädchen. Die Zuneigung beider wird von Beginn an vom Ernst des Todes überschattet, ohne dass die beiden Liebenden dem Tod die Macht über ihre Gedanken und Gefühle einräumen. Die in wenigen Episoden konzentrierte Geschichte erzählt ohne große Worte, indirekt und in kunstvoller Einfachheit vom Abwehr- und Schutzcharakter der Liebe in einer gleichsam zur Ruinenlandschaft zerfallenen Wirklichkeit.

Anke Laufers Text *Emma und Eve* spannt auf engem Raum – nicht größer als ein »winziger Außenkäfig, groß genug, um den Müll dort zu lagern« – einen großen Bogen: von Spitzbergen bis nach Palau und in die deutsche Kolonialgeschichte und wieder zurück in die Hitze einer Großstadt unter dem Lockdown. Ein Kammerspiel auf zwei Balkonen (und ein bisschen backstage) und zwei Liebesgeschichten zugleich, grundiert vom Grundrauschen des großen Narrativs von der rettenden Kraft des Verbundenseins.

Das *fünfte* Kapitel weist schließlich den Weg ›ins Offene‹. Weitestgehend losgelöst vom pandemischen Geschehen werden Räume im Innersten der Protagonisten und in der Weite der Zeit erschlossen. *Fossiles Futur* nennt Volker Demuth seinen Gedichtzyklus, in dem er seziert, was infolge der Industrialisierung, Urbanisierung und des Klimawandels von der Natur noch verblieben ist. Im Mittelpunkt steht eine versehrte Natur, die in dichten Bildern beschrieben wird, in der sich die künftige Entwicklung bereits in den steinernen Schichten der Vergangenheit ablesen lässt – und der Mensch letztlich fehl am Platz wirkt.

jetzt nicht an gog und magog denken von *Ozan Zakariya Keskinkilic* besteht aus fünf Miniaturen in poetischer, rhythmisierter Sprache, die als Gedicht gelesen werden können. Sie erzählen von Nachtgedanken eines lyrischen Ichs, die sich in Raum und Zeit weit aus der gegenwärtigen Situation fortbewegen, etwa im Verweis auf die titelgebenden, mythologischen Völker Gog und Magog. Das Rettende findet sich im Gefühl der Freiheit des Aufbruchs wie in den wie Münzen auf einem Kaffeehaustisch aufgetürmten Erinnerungen.

In *Susanne Neuffers* Geschichte *Topinambur oder Störung der Totenruhe* betrauert eine namenlose Ich-Erzählerin mittleren Alters den Verlust dreier Bäume in ihrem Garten und hadert mit ihrer Entscheidung, den Auftrag, sie zu fällen, erteilt zu haben. Während sich das Geschehen für sie als Tragödie dystopischen Ausmaßes darstellt, ist unterdes etwas anderes

THOMAS KNUBBEN

Rettendes gewachsen: der Text, der hinter dem Rücken der Ich-Erzählerin leicht, ja leichtfüßig anmutet, der der Trauer eine Form gibt, mit Witz und literarischem Verstand auch auf sich selbst und seine Autorschaft reflektiert und beharrlich »diese üble Mode mit der Autofiktion« verweigert.

Norbert Authenrieths Diarium *Vogelschiss* schildert den Prozess einer schrittweisen Aufladung des Sinnlosen mit intensivem Lebenssinn, den Eingriff der niederen Dingwelt in individuelle Vorstellungen und Gedanken − sachlich, ohne Schnörkel, realistisch, aber ständig an's Phantastische grenzend: ein Kunststück eigener Art.

Simone Scharbert schließlich befragt in ihrem Text *Vom Rand aus* die Rolle des Tagebuchs in seiner multiplen Erscheinungsweise als Diarium, Chronik, Weltbetrachtung, Ich-Reflexion oder Rückzugsort. Sie erkundet, ausgehend von Alice James, die marginalisierte Stellung der Frauen in der Tagebuchgeschichte (und nicht nur dort), um am Ende die überraschende Rückkehr des Mediums Tagebuch in Zeiten der äußeren und inneren Krise zu konstatieren, das »im warmen Zimmer Zeit« Halt verspricht »gegen den Wahnsinn, mit dem Wahnsinn«.

V.

Der Band schließt mit einem Nachwort von *Kurt Oesterle*, der Hölderlins Vers aus der *Patmos*-Hymne in den Kontext seines Gesamtwerkes stellt und einer aktuellen Interpretation unterzieht. Und durchzogen wird der Band von jüngst entstandenen Zeichnungen des rumänischen Künstlers Dan Perjovschi aus der Serie *The Time of the Virus*, welche die Spannungslagen der Pandemie pointiert vor Augen führen.

Der *Patmos*-Vers ist für Oesterle der »Vers aller Verse in Hölderlins Werk«, »ein Vers wie ein Kugelblitz«, der den Menschen in seine ureigene, seine revolutionäre weltgeschichtliche Verantwortung zurückführt, auf dass ihm, nicht zuletzt durch das dichterische Wort, die Versöhnung unter den Menschen und mit der Natur offenbart werde. Der Mensch wird so betrachtet an seine eigene Potentialität erinnert, seine Fähigkeit, überall und jederzeit aufkeimende welterschütternde Gefahren wahrzunehmen und nicht schicksalsergeben, sondern selbstverantwortlich *das Rettende* zu suchen.

I

BACK TO
NORMAL

Nuit Blanche

Wächst das Rettende auch? Um ehrlich zu sein: Ich weiß es nicht. Obwohl ich in das Rettende investiert habe. Die Aktien stehen nicht schlecht. Eine Untertreibung: nicht schlecht. Tatsächlich gehen die Kurse durch die Decke. Die Gontards hatten immer schon ein gutes Händchen für Geschäfte. Ich bin nach Paris gegangen, um die Interessen unseres Hauses an der Seine zu vertreten. Wie heißen Sie? Blanche? Und auch Sie sind noch wach! Das freut mich. Dann sitze ich in dieser Nacht nicht allein vor dem Feuer. Seit dem Tod meiner Frau schlafe ich nicht mehr gut. Woran sie gestorben ist? An Röteln. Sie hat sich bei den Kindern angesteckt. Aber sie wäre wohl nicht gestorben, wenn sie nicht geschwächt gewesen wäre durch ihre Liebe zu Hölderlin. Spricht das für diese Liebe? Was meinen Sie, Blanche? Verzeihen Sie, ich habe mich noch nicht vorgestellt: Ich bin Jakob Gontard. Jakob Friedrich Gontard. Friedrich lass ich weg, seitdem ich ihn aus dem Haus geworfen habe. Denn auch er heißt Friedrich. Das hat uns verbunden. Und nicht nur das. Ja, die Nächte sind kalt im Februar, auch in Paris. Aber das Feuer wärmt. Wie schwerelos die Bewegungen der Flammen sind! Wenn das Holz erst mal richtig Feuer gefangen hat, beginnt das Knistern und Flüstern, das Raunen und Rauschen. Und immer ist von ihr die Rede. Werden wir also auch diese Nacht wieder zusammen verbringen? Susette, Hölderlin und ich? Und Sie, Blanche! Lassen Sie mich nicht allein mit den beiden! Hölderlin kam im Winter zu uns, Ende Dezember 1795. Es war bitterkalt. Das Holz brannte im Kamin, genau wie jetzt. Die Tür ging auf, er wurde angekündigt, dann trat er ein und sah mit leuchtenden Augen von einem zum anderen. Als sein Blick auf Susette fiel, durchfuhr ihn ein Schreck. Da hat sich das Drama schon angekündigt. Aber ich war daran gewöhnt, dass Susette die Blicke der Männer auf sich zog, und, um ehrlich zu sein, es hat mir auch gefallen. Sie wurde begehrt und gehörte doch mir. Sie runzeln die Stirn, Blanche? Ich weiß, man kann keinen Menschen besitzen. Das habe ich lernen müssen. Leider. Auch das. Ich habe also zur Kenntnis genommen, dass Hölderlin beeindruckt war von ihrer Schönheit und Anmut. Anfang Januar trat er seine Stelle als Hofmeister an. Er unterrichtete meinen Sohn und wohnte in unserem Haus. Das war fatal, denn so war er immer in der Nähe meiner Frau. Während ich den ganzen Tag außer Haus war. Kurz nachdem er gekommen war, saßen wir alle zusammen beim Abendbrot. Ich fragte ihn, woran er arbeitet. Ich wusste, dass er auch dichtet. Er sagte: An einer Fortsetzung des Hyperion. Da fragte meine Frau: Warum lassen Sie Diotima sterben? Sie war offenbar schon eingeweiht in seine literarischen Pläne. Er errötete und sagte: Verzeihen Sie mir's. Aber das schien mir nötig. Durch Diotima lernt Hyperion die Liebe kennen. Und durch sie den Schmerz. Herz, sagte ich bissig, hat sich ja schon immer bestens auf Schmerz gereimt. Da sahen mich beide verständnislos und auch ein wenig mitleidig an, als hätte ich das Wesentliche in diesem Leben noch nicht verstanden. Für Hölderlin gehört der Schmerz notwendig zum Leben. Und Susette hat zwei Jahre vor ihrem Tod geschrieben: *Drum laß uns mit Zuversicht un-*

KATRIN SEGLITZ

sern Weg gehen und uns in unserem Schmerz noch glücklich fühlen und wünschen daß er lange lange noch für uns bleiben möge, weil wir darin vollkommen Edel fühlen und gestärkt werden für unser Schicksaal. Der Schmerz wurde zum Gradmesser ihrer Liebe. Je größer der Schmerz, desto größer die Liebe. Ehrlich gesagt: Ich brauche ihn nicht. Ich kann auf den Schmerz gut verzichten. Und den meisten Menschen geht es wie mir. Sie haben Angst vor Schmerzen. Und vor dem Tod. Deshalb ist auch gerade so viel von dem Rettenden die Rede. Wer wird es zuerst finden? Welchem Labor gelingt die Entdeckung eines wirksamen Medikaments? Jede Erfolgsmeldung lässt die Börsenkurse steigen. Mit der Sterblichkeit lassen sich die besten Geschäfte machen, das war immer schon so. Wollen Sie ein Glas Wein, Blanche? Entschuldigen Sie, dass ich Ihnen nicht längst eins angeboten habe. Ich habe einen köstlichen Bordeaux. Auf die Sterblichkeit! Vorsicht! Haben Sie den Funken gesehen, der aus dem Feuer gesprungen ist? Ein Kommentar des Feuers. Es sieht so aus, als würden sich auch die Flammen unterhalten. Eine lebhafte Gesellschaft, die sich bei einem Gastmahl getroffen hat. Worüber sprechen sie? Über Susette? In Frankfurt war eine Zeit lang von nichts anderem die Rede als von ihrer Affäre mit Hölderlin. Sie hat ihn Hölder genannt. Und auch die Kinder riefen: Hölder!, wenn sie etwas von ihm wollten. Hölder hier, Hölder da, das Haus war erfüllt vom Klang seines Namens. Hölder klingt wie eine Steigerung von hold, finden Sie nicht? Und Hölderlin wie der Superlativ zärtlicher Zuwendung. Wie kann man so heißen? Wenn meine Frau ihn rief, klang das wie eine Liebkosung. Mit mir war sie verheiratet, ihn hat sie geliebt. Das war zum Verrücktwerden. Aber nicht ich bin nach ihrem Tod verrückt geworden, sondern er. Vielleicht ist das die schlimmere Strafe: bei Verstand zu bleiben und sich an alles zu erinnern. Wann habe ich gemerkt, dass sich etwas verändert hatte in unserem Haus? Wann habe ich gespürt, dass Hölderlin und Susette in einer fürchterlichen Ausschließlichkeit aufeinander bezogen waren? Auch wenn sie mit anderen geredet haben, auch wenn sie gegessen oder mit anderen getanzt haben, waren sie wie Kompassnadeln aufeinander ausgerichtet. Ihre Liebe ist hinter meinem Rücken gewachsen. Unheimlich, wie diese heimliche Liebe aus den Fugen geraten ist. In dem Moment, in dem ich es wahrnahm, fuhr der Schmerz in meinen Körper wie ein scharf geschliffenes Messer. Es fühlte sich an, als würde ich tranchiert, als würde mir mein Herz aus dem Leib geschnitten. Plötzlich wusste ich, dass ich eins hatte. Und es tat entsetzlich weh. Verdammtes Herz! Sie haben mich ausgeschlossen, mich, Jakob Gontard, den Herrn des Hauses. In diesem Moment habe ich begriffen, dass Hölderlin eine ernsthafte Gefahr war für meine Frau. Und das Rettende? Wuchs nirgends. Ich habe immer gedacht: Das Geld ist das Rettende. Das wird auch ihr klar sein, dachte ich, dass man vom Gedichteschreiben nicht leben kann. Geld ist nicht alles, aber ohne Geld ist alles nichts. Das weiß jeder. Auch meine Frau wusste, dass er ihr nicht das Leben würde bieten können, das sie gewohnt war. Eines Abends habe ich Hölderlin zur Rede gestellt. Ich sagte, dass er hier sei, um Henry zu unterrichten, und nicht, um meiner Frau den Hof zu machen. Mit Ihren Gedichten können Sie nicht mal sich selbst ernähren, sagte ich. Geschweige denn eine Frau und Kinder. Gedichte sind … Ich suchte nach dem passenden Wort, alles kam mir zu schwach, zu harmlos vor. Sie sind … sind … Und dann wusste ich, was ihn treffen würde. Ist das nicht merkwürdig, dass wir, wenn wir wütend sind, zielsicher das finden, womit wir den anderen am meisten kränken? Ihre Gedichte sind, sagte ich – und betonte

jeden Buchstaben – nicht systemrelevant. Diese
zwei Wörter habe ich ihm ins Gesicht geschleudert: NICHT
SYSTEMRELEVANT. Da hat er mich angeschaut und gesagt: Welches System meinen Sie? Unseres? Er hatte Sympa-
thien für die Französische Revolution, das war deutlich, das
war offensichtlich, daraus hat er kein Hehl gemacht. In meinem Haus! Für die Französische Revolution. Man hat ja gesehen, was daraus geworden ist! Ein Gemetzel. Erst haben
die Aufständischen den König und die Adligen umgebracht,
dann sind sie übereinander hergefallen. Anschließend hat
sich Napoleon zum Kaiser gekrönt und die Nachbarländer
überfallen. Er ist auch in Frankfurt einmarschiert. Angeblich,
um allen die Werte der Französischen Revolution zu bringen: Gleichheit, Freiheit, Brüderlichkeit. Aber sie haben sich
wenig brüderlich aufgeführt. Welches System meinen Sie!?
Er sah mich an. Ich sah ihn an. Ich sagte ihm, was ich von der
Französischen Revolution halte. Daraufhin hat er gesagt,
ganz ruhig: Auch ich bin ein System. Und für mich ist Dichtung wichtig. Ohne Dichtung, sagte er, könnte ich nicht leben. Bleiben Sie mal auf dem Boden, sagte ich verärgert,
übertreiben Sie nicht so maßlos! Ohne Essen und Trinken
können Sie nicht leben, aber ohne Dichtung? Da bin ich
anderer Meinung, sagte er, wo Herz und Verstand nicht zu-
sammenarbeiten, ist alles nichts. Auch wenn es so aussieht, als
wäre der Verstand alles. Und das Geld. Sprechen Sie nicht
von Ihrem Herzen!, habe ich ihn angefahren, ich habe genug
von Ihrem Herzen. Sie reden zu viel von Herzen. Seitdem
Sie bei uns sind, hat auch meine Frau angefangen, von ihrem
Herzen zu reden, das ist offenbar ansteckend. Diotima, sagt er
da, Diotima hat – Diotima!, ich merkte, wie ich immer un-
gehaltener wurde. Und wirklich hatte Susette mich schon
lange nicht mehr in ihren Armen gehalten. Sind Sie wahn-

sinnig geworden, fragte ich ihn, meine Frau Diotima zu nennen? Mit ihm messen Sie sich? Mit Platon und seinem Gastmahl? Sie kennen es?, fragte er überrascht. Natürlich kenne ich es, sagte ich, was denken Sie? Auch ich wurde alphabetisiert, auch ich bin in die Schule gegangen. Sonst wäre ich wohl kaum in der Position, die ich heute habe. Es stimmt, ich hatte das Gastmahl gelesen, aber ich habe mich, um aufrichtig zu sein, nicht mehr genau an den Inhalt erinnert. Vor Kurzem habe ich es wieder gelesen. Diesmal mit anderen Augen. Die Worte hatten plötzlich mit mir zu tun. Und mit Susette. Und mit Hölderlin. Worum es im Gastmahl geht? Um den Eros. Ja. Genau. Da staunen Sie, Blanche. Auch Platon ist nicht so harmlos, wie man ihn gern hätte. Diotima erzählt Sokrates vom Wesen des Eros. Eros, sagt sie, ist ein Daimon. Er ist weder Gott noch Mensch. Er ist der Sohn von Armut und Wegfinder, gezeugt am Geburtsfest der Aphrodite. Eros ist nicht schön, aber ein Liebhaber des Schönen. Er ist weder sterblich noch unsterblich. Mal blüht er auf, mal stirbt er ab. Was er gewinnt, zerrinnt rasch wieder. Sie nicken, Blanche? Ich sehe schon, Sie kennen ihn. Und, das wollte ich Ihnen schon die ganze Zeit sagen: Ihr Dekolleté ist ravissant. Ja, trinken Sie, das ist ein ausgezeichneter Rotwein. Was Diotima noch gesagt hat? Dass Eros nicht allwissend ist, aber einer, der wissen will. Einer, der immer auf der Suche ist. Nach Liebe. Und Erkenntnis. Eros ist der Drang, sich das Gute zu eigen zu machen. Es ist, sagt Diotima, ein Zeugen im Schönen. Das klingt wie eine Anleitung zum Seitensprung, finden Sie nicht? Wie eine Rechtfertigung für Männer, eine schöne Frau zu begehren. Und zu besitzen. Auch wenn's nicht die eigene ist. Auf diese Weise haben wir Teil an der Unsterblichkeit, sagt Diotima, durch diesen Trieb, der sowohl ein körperlicher wie ein geistiger Trieb ist. Und, als geistiger Trieb, auch

KATRIN SEGLITZ

die Bedingung fürs Dichten. Kein Wunder, dass Hölderlin Diotima im *Hyperion* wiederauferstehen lässt. Susette ist nur zu bereitwillig in ihre Rolle geschlüpft. Welche Frau wäre nicht geschmeichelt gewesen? Sie lächeln, Blanche. Wissen Sie, dass Sie ein bezauberndes Lächeln haben? Männer sind verführbar. Frauen auch. Leider. Oder Gottseidank? Hölderlin beschreibt im *Hyperion*, wie sich sein Held Diotima angenähert hat: *Das Geländer, worauf sie sich stützte, war etwas niedrig. So durft ich es ein wenig halten, das Reizende, als es sich vorwärts beugte. Ach! Heiße zitternde Wonne durchlief mein Wesen und Taumel und Toben war in allen Sinnen, und die Hände brannten mir, wie Kohlen, da ich sie berührte.* Das ist deutlich. Das ist empörend eindeutig. Es, das Reizende, war natürlich meine Frau. Oder diese Stelle: *Ich war noch damals, wie die ungeduldigen Kinder, die um den Apfel am Baume weinen, als wär er gar nicht da, wenn er ihnen den Mund nicht küßt.* Oder diese Zeile: *Aber lieblich am stechenden Bart rauschen die Küsse ...* Wäre es beim geistigen Austausch zwischen den beiden geblieben, hätte ich nichts dagegen gehabt. Oder? Vielleicht doch. Ja, doch, auch darauf war ich eifersüchtig, dass Hölderlin ihre Seele erobert hat. Deshalb habe ich ihn aus dem Haus geworfen. Aber ich konnte ihn nicht aus ihrem Herzen werfen. Obwohl ich auch das versucht habe. *Man begegnet mir*, schreibt Susette in einem Brief an Hölderlin, *wie ich vorhersah, sehr höflich, bietet mir alle Tage neue Geschenke, Gefälligkeiten und Lustpartien an, allein, von dem, der das Herz meines Herzens nicht schonte, muß die kleinste Gefälligkeit anzunehmen mir wie Gift sein ...* Er war weg. Und doch da. Durch seine Abwesenheit war er sogar noch spürbarer anwesend als durch seine Anwesenheit. Ein Paradox! Das habe ich lernen müssen, dass jemand nicht deshalb weg ist, weil er körperlich nicht mehr da ist. Für sie war er das *Herz meines Herzens*. Das bekomme ich nicht aus dem Kopf. Ich weiß, dass es ein Fehler war, ihre Briefe zu lesen. *Ich muß Dir schreiben Lieber! Wie ist nun, seit Du fort bist, um und in mir alles so öde und leer, es ist als hätte mein Leben alle Bedeutung verloren ...* Ich war rasend eifersüchtig. Wer wäre es nicht gewesen! Sie war immer müde, seitdem er weg war. So hat sie sich mir entzogen. *Wie möchte ich, mit glühenden Farben, bis auf ihre kleinsten Schattierungen, sie malen, und sie ergründen, die edle Liebe des Herzens.* Wie edel war sie, diese Liebe? Wie erotisch? Wie körperlich? Kein Wort von mir. Ich komme nur indirekt vor. Hölderlin schrieb an Henry, nachdem er unser Haus verlassen hatte. Henry zeigte Susette den Brief. Und sie war froh, von Hölderlin zu hören. Als ich von dem Brief erfuhr – und ich habe von allem erfahren, was sich in meinem Haus abgespielt hat –, habe ich meinem Sohn verboten, Hölderlin zu antworten. Er sah mich erschrocken an: Aber warum, Papa? Da sagte ich: Er hat etwas sehr Schlimmes gemacht. Hölder? Was hat er gemacht, Papa? Ich möchte und kann nicht darüber reden, sagte ich. Versprich mir aber, dass du keinen Kontakt mehr mit ihm haben wirst. *Ich weiß nicht,* schrieb Susette anschließend an Hölderlin, *was Henry bei dieser Gelegenheit alles verboten wurde, ich fand ihn aber nachher sehr verändert, und er scheute sich, Deinen Namen zu nennen.* Henry sprach in meiner Gegenwart nie wieder von Hölderlin. Susette auch nicht. Aber sie schrieb ihm. Und sie litt, das war unübersehbar. Manchmal habe ich mir gewünscht, sie wäre ihm gefolgt. Nach Homburg, nach Bordeaux, nach Tübingen. Sie schreibt: *Ich fühlte es lebhaft, daß ohne Dich mein Leben hinwelkt und langsam stirbt.* Und: *Besser ein Opfer der Liebe! als ohne sie leben.* Auch Hölderlin ging es nicht gut. Mir wurde berichtet, dass er nach Susettes Tod ziellos umhergewandert sei. Wie ein zart besaitetes Instrument habe er gewirkt, das zerstört worden sei.

KATRIN SEGLITZ

Und auch, wenn er mein Nebenbuhler war, so war ich doch betroffen, als ich davon hörte. Ich habe ihn verflucht, das stimmt, aber ich habe ihn auch geschätzt. Als Dichter. Er hat wunderbare Gedichte geschrieben, Blanche. Eins über Bäume. Ich muss immer daran denken, wenn ich, so wie jetzt mit Ihnen, vor einem Feuer sitze. Wenn es knackt und knistert, wenn es raunt und rauscht, dann meine ich, den Wind zu hören, wie er in die Zweige greift, ins Laub. Hölderlin hat sie besungen, die Bäume. Er nennt sie Söhne des Berges, Volk von Titanen, die nur sich und dem Himmel gehören – und der Erde, die sie geboren hat. Die Widmung, die Hölderlin meiner Frau in den *Hyperion* geschrieben hat, lautet: *Wem sonst als dir!* Nach ihrem Tod ist das Buch bei mir gelandet. Immer wieder habe ich darin gelesen, um zu verstehen, was Hölderlin so anziehend gemacht hat für sie. Vermutlich gibt es keinen, der den *Hyperion* besser kennt als ich. In einem Brief an Susette schreibt er von der Rivalität der Menschen. Sie gönnen einander Speise und Trank, aber nichts, schreibt er, was ihre Seele nährt. Sie können es nicht leiden, *wenn etwas, was sie sagen und tun, im andern geistig aufgefaßt, in Flammen verwandelt wird. Die Hörigen! Wie wenn irgend etwas, was die Menschen einander sagen könnten, mehr wäre als Brennholz, das erst, wenn es vom geistigen Feuer ergriffen wird, wieder zu Feuer wird, so wie es aus Leben und Feuer hervorging. Und gönnen sie die Nahrung nur gegenseitig einander, so leben und leuchten ja beide und keiner verzehrt den andern.* Als ich das las, hatte ich das Gefühl, er meint mich. Nein, Blanche, ich habe sein Talent, seinen Genius erkannt. Und bewundert. Vieles, was er geschrieben hat, ist Brennholz – auch für mich. Es nährt meine Seele. Und wenn ich seinen *Hyperion* lese, ist sie wieder da. Dann sehe ich sie vor mir: Susette. Auch das ist Auferstehung. Lassen Sie uns darauf trinken, Blanche. Auf die

Unsterblichkeit. Danke, dass Sie mir Gesellschaft geleistet haben. Es war gut, mit Ihnen am Feuer zu sitzen. Nun bin ich doch müde geworden. Ich will noch ein paar Stunden schlafen, bevor ich mich auf den Weg mache ins Geschäft. Vorher werde ich in einem Café ein Croissant essen und einen Kaffee trinken. Und mit meinem Nachbarn ein paar Worte wechseln, harmlose, freundliche, belanglose Worte. Über das Wetter? Ja, warum nicht.

DIERK WOLTERS

Selbstbestimmung, ein Essay

Das Textgebirge, vor das Friedrich Hölderlin uns Heutige stellt, ist zerklüftet und gefährlich. Es gibt sanft fließende Rinnsale darin, unter deren Oberfläche Strudel lauern. Weite Schneeplateaus, auf denen man majestätisch dahinschreitet, bis plötzlich die verkrustete Oberfläche Risse bekommt und den erhaben gestimmten Wanderer in die Tiefe zu reißen droht. Es gibt schroffe Felsen, steile Überhänge und höllentiefe Schluchten, die man auf schwankenden Brücken überquert. Und an jeder Wegkehrung eine neue – ja, tatsächlich: Herausforderung. Was es mit diesem Wort auf sich hat, das heute zu jeder Manager-Selberlebensbeschreibung gehört: Dazu später mehr.

Die Wahrheit ist: Hölderlin ist nichts für Anfänger. Wer zum ersten Mal in seinem Leben wandern geht, sollte sich nicht unbedingt das Matterhorn oder den K2 vornehmen. Es gibt jedoch einen Punkt in diesem Gebirge – soweit ich es überblicke, ist es tatsächlich nur ein Einziger (aber ich ließe mich hier gern belehren), von dem aus das ganze Panorama dieser überwältigenden Berglandschaft auch für Nicht-Profis ahnbar wird – es ist jener Vers, der hier in abgewandelter Frageform zur Debatte steht. Inmitten von Hölderlins variantenreichem Werk steht er unverrückbar, in Erst- und Zweitfassung des Gedichts »Patmos« identisch: »Wo aber Gefahr ist, wächst das Rettende auch.«

Wächst das Rettende auch? Das Fragezeichen zieht die Hölderlin'sche Zuversicht in Zweifel. Es ist ein mächtiges Fragezeichen, ein grundstürzendes womöglich. Es sägt am Fundament der dichterisch postulierten Tröstung. Die ist ihrer Art nach hochgradig heikel: Wo *Gefahr*, da *Rettendes*. Zwei Abstrakta, und das zweite zudem ein nominalisiertes Partizip Präsens, auf die Gefahr bezogen. Wer solches behauptet, bewegt sich auf schmalem Grat in gefährlichen Höhen – ein argumentativer Luftikus? Der Sturz könnte tief sein, wehte ihn der eisige Wind der Logik heftig an.

Nun, keine Bange: Ganz so leicht lässt sich ein Trumm wie das Hölderlin'sche Statement nicht umpusten. Schauen wir genau hin, sehen wir, dass Gefahr und Rettendes nicht allein dastehen. Vielmehr begleitet sie jeweils ein treues Verb, wird von der Gefahr gesagt, dass sie *ist*, und vom Rettenden, dass es *wächst*. Wir diagnostizieren also auf der einen Seite eine dauerhafte und immerseiende Gefahr; das Rettende aber, das sich partizipial auf sie bezieht, ist alles anderes als statisch, sondern als Wachsendes nicht nur seiner grammatikalischen Form nach dynamisch.

Angesichts der Gefahr wächst etwas, von dem wir vorher nicht wussten, dass es das überhaupt gibt: so wie bei liebenden Eltern etwa, die, wie man leicht sagt, übermenschliche, in Wahrheit aber eben doch sehr menschliche Kräfte entwickeln, wenn es gilt, ihre Kinder vor Unheil zu beschützen. So wie in einem vom Traum der Freiheit durchdrungenen Volk, das den Widerstand wagt in einem diktatorischen Regime, obwohl ihm Folter droht und Tod. So wie bei Versklavten, Unterdrückten, Ausgebeuteten, Diskriminierten, die aufbegehren in ihrem und im Interesse ihrer Leidensgenossen. So wie bei einer Bewegung, die die todbringenden Folgen des Klimawandels nicht nur benennt, sondern im Innersten begreift, so dass sie all ihre Macht daran setzt, gegenzusteuern, und wächst, und wächst. Aber: Wächst damit das Rettende auch?

Lesen wir Hölderlins Vers heute, dann denken wir bei Gefahr vielleicht an: Nawalnys übermächtige Gegner. Weißrussland. Die Feindschaft, die der zarten Greta Thunberg entgegenschlägt. Wir denken an unterdrückte Frauen auf der ganzen Welt. An Antisemitismus. Uiguren. Rassismus und Fremdenfeindlichkeit jeder Art. An Fake News, an Kriege, Vergewaltigungen und Morde, und an die Schneisen der Verwüstung, die Geldgier und Machtrausch auf der ganzen Welt hinterlassen. Denken wir auch an uns? Dass wir nichts von all diesen Gräueln zu verhindern wissen? Dass wir starr vor Schreck wie das sprichwörtliche Kaninchen vor der Schlange nur darauf warten, dass das Unheil auch uns verschlingt?

Die Welt, in der Hölderlin lebte, war kleiner, begrenzter als unsere, aber in vielem nicht anders: Die Höfe überboten einander an Prachtentfaltung, fürs gemeine Volk blieb wenig übrig. Drakonische Strafen und ihre unerbittliche Anwendung hielten es in Schach und skrupellose Selbstbereicherung das System aufrecht. Es gab Fürsten, die nicht einmal davor zurückschreckten, ihre Untertanen als Soldaten an fremde Staaten zu verleihen. Wagte jemand aufzubegehren, was selten genug vorkam, wurde der Widerstand erbarmungslos gebrochen. Günter de Bruyn beschreibt in seiner zeitlos grandiosen Jean-Paul-Biographie von 1975 (in dem Kapitel »Essigfabrik«), wie Soldaten aus Bayreuth, die vor ihrer Verschiffung als Söldner nach Amerika meuterten, mit Waffengewalt in ihre Schiffskajüten auf dem Main zurückgedrängt und nach wochenlanger, strapaziöser Fahrt ins gelobte Land an vorderster und gefährlichster Front den feindlichen Kanonen ausgesetzt wurden. Künstlern und Denkern (wie Jean Paul, wie Friedrich Hölderlin), von Berufs wegen Außenseiter, kam die Aufgabe zu, auszusprechen und aufzuschreiben, dass solche Zustände weder mensch- noch gottgegeben sind.

Wer Wünsche und Ziele in seinem Leben hatte, die von denen seines Landesfürsten abwichen, musste auf Gnade hoffen — oder aber vor der lebenslangen Knechtung fliehen wie Hölderlins Zeitgenosse Friedrich Schiller. Wer sich ewig zu ducken ablehnte wie Ludwig van Beethoven in Wien, der seinem Gönner, dem Fürsten Lichnowsky, stolz ins Gesicht zu sagen wagte: »Fürst, was Sie sind, sind Sie durch Zufall und Geburt, was ich bin, bin ich durch mich; Fürsten hat es und wird es noch Tausende geben; Beethoven gibt's nur einen«, der musste mit Ächtung rechnen. Oft reichte es schon, einem, der aufmuckte, den Geldhahn abzudrehen, um ihn in tiefe Not zu stürzen.

Dies war die drückende Atmosphäre, in der Hölderlin wie auch seine Tübinger Stiftsgenossen Hegel und Schelling aufwuchsen. Dies war der Grund, warum die Französische Revolution, die mit unvorstellbarer Heftigkeit losgebrochen war im Jahr, da Hölderlin 19 wurde, all diejenigen faszinierte, die die aufregendsten Gedanken über die Freiheit, die seit einem halben Jahrhundert im Umlauf waren, tief inhaliert hatten, aber von der Wirklichkeit dieser Freiheit bislang nie hatten kosten dürfen. Das war der Grund, warum viele auch dann nicht von der Revolution ablassen wollten, als sie längst in ein blutiges Rachegemetzel und perverses Hinrichtungstheater umgeschlagen war: Es gab sonst nichts, das Hoffnung versprach.

Mitten hinein in diese Situation der spektakulären Unsicherheit zwischen dem Hoffnungsidealtraum von einer besseren Zukunft und der brutal strafenden Reaktion konservativer Kräfte wuchtete Friedrich Hölderlin zu Beginn der Hoffnungs-Hymne »Patmos« 1803 seinen Zuversichtsvers vom Wachstum des Rettenden. Ein Jahr darauf ließ sich der Feldherr Napoleon zum Kaiser der Franzosen krönen, der zwar der feudalen Ständegesellschaft den Garaus machte, aber um einen hohen Preis. Vom revolutionären Ideal der Freiheit, Gleichheit und Brüderlichkeit waren die hoffnungstiftenden Vorbild-Franzosen fast so weit entfernt wie vor der Revolution – und damit die in ihrem Netz aus Kleinstaaten mit tausenderlei Partikularinteressen zappelnden und revolutionär ohnehin furchtsamen Deutschen erst recht. Napoleon überzog Europa mit blutigen Kriegen. Und inmitten dieser Gefahren, nach Hölderlin, »wächst das Rettende auch«?

Politischer Wunschtraum? Göttliche Prophetie? Innerhalb von »Patmos« fällt beides im Ideal des Über-sich-Hinauswachsens zusammen. Daraus entsteht ein völlig neuer Seinszustand. Menschliches und Göttliches, Göttliches und Menschliches – sie können ohne einander nicht sein. Hölderlins Vers kündet von Kräften, die in uns selber ruhen und deren Möglichkeiten wir nur ahnen. Es ist die Urerfahrung der Möglichkeit von Veränderung, die nicht nur Hölderlin, sondern alle denkenden Menschen seiner Generation zutiefst erschütterte, weil es sich um eine Veränderung handelte, die nicht von einem Schicksalsschlag ausgelöst wurde wie dem schrecklichen Erdbeben von Lissabon 1755, das Voltaire zu seiner radikalen Candide-Polemik inspiriert hatte, sondern um eine Veränderung, die etwas jahrhundertelang nie Erfahrenes war: *dass aus dem Nachdenken über eine neue Gesellschaftsordnung die Wirklichkeit einer Revolution geworden war.* Diese Erfahrung war für Hölderlin wie auch für seine Mitstudenten Hegel und Schelling in seiner Tübinger Stiftszeit wohl prägender als alle theologischen Glaubenssätze, die ihnen dort quasi per Dekret zu lernen verordnet waren: Denken kann Wirklichkeit verändern. »Die Geschichte bricht nicht über die Köpfe wie ein Schicksal herein, sondern es wird wirklich, was aus Köpfen entsprang und nun im Begriff scheint, alles zu ändern.« So formuliert es Jürgen Kaube in seiner Zeitalter-Biographie »Hegels Welt«.

Wir Heutigen neigen möglicherweise dazu, leichthin zu übersehen, was hier geschieht, so selbstverständlich erscheint es uns. Es ist aber in Wahrheit alles andere als das – nämlich revolutionär und fundamental für das Selbstverständnis der Menschen bis heute: Erstmals verständigen Menschen sich hier nicht nur theoretisch über die Grenzen der Urteilskraft oder der Vernunft, sondern ziehen darüber hinaus auch sehr praktische Schlüsse über die Möglichkeiten der Freiheit und die Gestaltung ihres eigenen Schicksals.

Nach den gemeinsamen Tübinger Stiftsjahren verschlug es Hegel als Hofmeister nach Bern. Hölderlin fand eine Hofmeisterstelle bei Frankfurt, Schelling zog es nach Jena, um Johann Gottlieb Fichte zu hören. Als wäre dieses lose Netzwerk nicht geographisch abenteuerlich genug, bildeten sich aus ihm heraus Aszendenten, die zu Schiller, zu Herder und nicht zuletzt zu den beiden Hölderlin-Getreuen Isaac von Sinclair und Jakob Zwilling reichen. Die Versuche, nachzuzeichnen, wie hier, gewissermaßen am Katzentisch des wohlhabenden Bürgertums, um Begrifflichkeiten, Weltmodelle und Handlungsoptionen gerungen wird, füllen heute Bibliotheken.

Herder entwickelt die Vorstellung eines Systems von um Ausgleich ringenden lebendigen Kräften, Hölderlin modelliert eine Art Gesellschaftskonzept, das zwar durch Ereignisse erschüttert werden kann (»Gefahr«), woraufhin jedoch qua-

DIERK WOLTERS

si systemimmanent stabilisierende Kräfte freigesetzt werden, die wieder auf ein Gleichgewicht hinarbeiten (»das Rettende«). Jedem Niedergang ist die Möglichkeit des Wiederaufstiegs eingeboren. Fichte entwickelt 1794 die Vorstellung der »Wechselwirkung« aus einem höchst komplizierten Verhältnis von »Ich« und »Nichtich«. Schiller und auch Hölderlin beschäftigt das ungemein.

Einmal noch blicken wir von hier aus zurück auf die Eleven des Tübinger Stifts, die, jeder für sich, das Epochemachende der Französischen Revolution zu begreifen versuchen: Für den Philosophen Hegel ist sie die erstmalige politische Umsetzung der Selbstgesetzgebung, die schon in Immanuel Kants Gesellschaftsideal eine große Rolle spielt. Für den Dichter Hölderlin liegt diese Selbstgesetzgebung im individuellen Handeln, das man vor sich selbst verantworten muss: ein Handeln also, das sich nach Maßstäben richtet, die man sich selbst auferlegt hat. Und das eine wie das andere wiederum bedeutet nichts anderes als die Vorstellung: Ich reagiere nicht nur, sondern nehme gedanklich vorweg, was zu tun richtig wäre – und tue es hernach auch. Mit Hölderlin zu reden: Ich fasse die Gefahr ins Auge, denke scharf nach, wie ihr am besten zu begegnen wäre, und entwickele daraufhin ein Konzept zur Rettung. Es ist also an uns, die Komplexität des ganzen Systems zu begreifen und die richtigen Schlüsse zu ziehen.

Es gibt eine Trivialform dieses Autonomiekonzepts, die heute jeder Wirtschaftsstudent vom ersten Semester an lernt: Sage nie Problem, sondern stets – Herausforderung. Management-Seminare lehren in unzähligen Abwandlungen: Glaube an dich, dann wirst du es schaffen! Selbstwirksamkeit lautet das Zauberwort heute, und umschwirrt wird es von psychologischen Mode-Konzepten wie Ich-Stärke, Stressresistenz oder, seit ein paar Jahren besonders gern: Resilienz. Im Zeitalter der Riesen-Egos hat es sich oft abgelöst von jeglicher Wirklichkeitsbindung, von Demut und Dienen gar nicht zu sprechen. Was uns in der Form der zeitgenössischen Schwundstufe kapitalistischer Küchenpsychologie schaudern lässt, hat hier seinen hehren Ursprung, in der modernen Menschheitswiege, irgendwo zwischen Bern, Bad Homburg und Jena.

»Wo aber Gefahr ist, wächst …«: Hier setzt einer auf Systemkompetenz. Das ist ein Anfang: Wenn wir es uns zutrauen, könnte es werden, wie wir wollen. Eine ziemlich direkte Linie führt von hier zu »Wir schaffen das« oder auch zu »Yes, we can«. Ob es um Migrations- oder Klimafragen oder um die Bekämpfung einer weltweiten Seuche geht: Ohne den tiefen Glauben an seine Selbstbestimmungsfähigkeiten wäre der moderne Mensch nicht modern.

Wächst das Rettende auch? Wer so fragt, nimmt die Zweifel in den Blick, die bleiben, wenn man dem Glauben nicht trauen will, dass die eigenen Kräfte über sich hinauszuwachsen imstande seien. Wer so fragt, denkt sich womöglich: Ist es nicht längst zu spät? Sind der Kriege, Hungersnöte, Epidemien und Umweltkatastrophen nicht viel zu viele, als dass man sich noch ernsthaft ums Retten kümmern sollte? Wer bin ich, dass ich hoffen dürfte, es mit der Übermacht der Verhältnisse aufnehmen zu können? Wer so fragt, schließt die Möglichkeit des Scheiterns nicht aus.

Zu Recht. Denn selbst wenn das Rettende wächst, bedeutet dies ja nicht, dass es genug wächst, um die Gefahr tatsächlich zu besiegen. Wenn Rettung selbstverständlich wäre, wäre Gefahr ja gar keine Gefahr.

Das ist es, was uns heute – und immer – zu schaffen macht: Es könnte ja sein, dass wir in der Gefahr untergehen. Es könnte sein, dass all unsere Kräfte, so sehr wir auch über uns hinauswachsen, nicht ausreichen werden. Das springt uns an – uns hier und heute, da wir die Ohnmacht vor einer wie aus dem Nichts entsprungenen Seuche und ihren Mutationen erlebt haben, vielleicht noch stärker und peinvoller als vor wenigen Jahren, als wir uns noch sicher wähnten in unserer westlichen Saturiertheitsblase und glaubten, uns mit Mauern, Grenzzäunen, Militärposten und sogenannten Auffanglagern alle Probleme der Welt vom Hals halten zu können. Aber, global geschult, wissen wir natürlich längst: Die Migrantenströme werden wachsen, statt zu schrumpfen. Die Kluft zwischen denen, die viel haben, und jenen, die ihr Leben lang aussichtslos hungern, wird immer größer. Und was das Klima anbelangt, ist es in Wahrheit eher fünf nach als fünf vor zwölf. Ein winziges Virus, unsichtbar fürs menschliche Auge, macht uns deutlicher als alles zuvor: In unserer Welt heute gibt es keine Grenzen, Zäune und Mauern mehr, die uns dauerhaft schützen könnten. Sie sind eine Illusion. Immer.

Auch deswegen, noch einmal: All unsere Zweifel am »Rettenden« sind berechtigt. Sie drängen sich auf und sind in ihrer bedrückenden Totalität geeignet, uns verzagen zu lassen. Und doch hat die Hoffnung auf das Rettende Gründe – gerade auch mit Blick auf Hölderlins Lebensspanne. Die lag, wie wir alle wissen, in einer Blütezeit der deutschen Sprache und Kultur, die dennoch düster war, im Großen und Politischen ebenso wie in der Weise, in der die Menschen ihren Lebensraum erfuhren. Sie lebten eng. Sie waren umgeben vom Tod. Jedes zweite Kind starb vor dem 13. Lebensjahr. Im Durchschnitt wurden die Menschen 30. Raum, das Sterben-Müssen zu verdrängen, gab es nicht. Unterdrückung, Endlichkeit und hilflose Armut gingen Hand in Hand. Und doch brachte Friedrich Hölderlin die Kraft auf, die Möglichkeit der Rettung in Betracht zu ziehen – und behielt Recht wider alle Wahrscheinlichkeit, auch wenn er es selbst nicht mehr erlebte. Hölderlins idealistisches Prinzip Hoffnung siegte, in seiner, unserer Heimat zumindest. Allerdings nach, wie wir ebenfalls wissen, eineinhalb Jahrhunderten voller schlimmster Rückschläge. Nur fünf Jahre nach Hölderlins Tübinger Tod trafen sich knapp zehn Tagesmärsche weiter nördlich Deputationen aus aller deutschen Herren Ländern, um in der Frankfurter Paulskirche eine erste gesamtdeutsche Reichsverfassung auszuarbeiten. Hätte Friedrich Hölderlin das bei gesundem Geiste erlebt, er hätte vor Glück wohl geweint.

Ein letzter Anlauf also: Wächst das Rettende auch? Wer dies sorgenvoll fragt, weiß um die Gefahr. Weiß, dass die Herausforderungen unserer Zeit jenen, vor denen Hölderlins Zeitgenossen standen, nicht nachstehen. Weiß, dass das Rettende nicht da ist, sondern immer erst wachsen muss. Und weiß, dass es nirgends wachsen kann, außer an der Gefahr und in uns. In uns – das bedeutet: Wir sind imstande, denkend und dann danach handelnd, unser Schicksal selbst zu bestimmen. Nicht, indem wir blind unserer Selbstwirksamkeit vertrauen. Das wäre verblendet. Aber indem wir, statt uns feige eine geschönte Wirklichkeit zurechtzulügen, die Möglichkeiten dessen ausloten, was wir leisten müssen und was wir leisten können.

Dies ist der Humus, aus dem Hölderlins Vers wuchs. Die Französische Revolution ließ den Dichter in seinen Stiftsjahren wie eine Offenbarung erfahren, dass die Zustände der Welt veränderbar sind. In welchem Maß das Ich im System Welt zur Veränderung beitragen kann, beschäftigte in den Jahren danach nicht nur ihn, sondern auch seine philosophierenden und dichtenden Freunde und Kollegen. Höl-

DIERK WOLTERS

derlins Vers ist ein Aufruf zur Selbstermutigung. Gerade in schweren Zeiten, in denen uns die Zukunft ungewiss und düster erscheint. Unerbittlich fordert er, der Gefahr ins Auge zu sehen. Denn gewiss ist allein: Wenn wir dies nicht tun, wäre alles verloren.

EVA CHRISTINA ZELLER

coronatugend

sprachlos in coronatugend

schreibt mein wortergänzer
da fällt mir nichts mehr einkaufszentrum
fällt dem pc
fällt allen anderen auch
einkaufszentrum
und sterben werden wir
und die sprache soll retten?
aussicht verloren
sprachlos in coronatugend

gebet an den stillstand

wo bist du?
der neckar rauscht die sirene
der krankenwagen
die seele rülpst fort
von hier zu den toten
ruhe dort die krähen schreien
der eisvogel an der futterstelle
fort fort

gebet

in der hängematte bei
lichtreflexen unterm baum am fluss

gibigiane heißt die lichtsprache
fließe mit der zeit den neckar hinab
meine buche hat schwarze blätter

bei licht betrachtet auch dunkelrote
in der spiegelung hell
es gibt keine wiederholung

drei amseln unter meiner hängematte
fürchten mich nicht
werde unsichtbar

die gefüllte rose an der hauswand
verströmt sich
unwissentlich

heute früh lag ein zaunkönig
kleiner als meine hand
vor meinem fenster

wind in den getupften federn
als würde er atmen den kopf gestreckt
die schwanzfeder niedergebeugt

die katze lag die ganze nacht
auf meinen füßen
so glaube ich an die welt

unwissentlich
und was noch –
amen

EVA CHRISTINA ZELLER

ostersonntag

höre das schlagen der kirchenglocken
während schwanenflügel aufs wasser schlagen
schwere vögel sich langsam

erheben als wäre dies eine unmöglichkeit
die überwunden wird ein um das andere mal
können wir nicht das unmögliche ausschlagen?

uns erheben den langen hals voran den kopf in lüften
unbekannten unmöglich –

während der schwan den neckar jetzt hinuntertreibt
kleine haare sich aufstellen den pflanzen gleich
die nach oben wachsen

der neckar eine horizontale
in einem koordinatensystem
das die toten nicht zählt

reste

du erinnerst das memorieren
von gedichten im traum
verpackt in lichttragenden geschichten

ein netz das ein fischer flickte
mit ahle und vergänglichkeit
damit das licht aufschlagen kann in zwischenräumen

stehst im verlust bis zu den knien
gott hat sich zu den verirrten gesellt und sucht
seine wahre heimat er ist unter die kiesel gefallen

trauben kleine birnen aus dem feuchten gras
halb vergammelt verwest halb die vorsilbe ver –
süßt

quittensprache

wäre ich nicht schwerhörig
könnte ich die quitten im baum vernehmen
der wind bringt sie zum rascheln jaulen

das gelb ruft mir was zu aber
ich habe die geheimzahl vergessen
den zugang zum gelb

der duft könnte in den schacht führen
die tür öffnen
als kind glaubte ich nicht an magie

jetzt bin ich weich gerochen geschüttelt
jetzt weiß ich um meine schwerfühligkeit
der duft der quitte ihr pelz zum wegstreicheln

da war etwas: jetzt
dies ist der eingang
ins gedicht

unterirdisch

alter garten lob
moos auf den stufen
ein schneckenhaus hinterm efeu

die stufen umschlungen
patina falten netzwerke
verbindungen vielfältig

gespräche der haut
unterirdisch über wurzeln
zwischenräume leerstellen

atmosphären blätterrascheln in der luft
einfalten ausfalten der blätter
die jahreszeiten legen sich übereinander

wie zeitungsstapel darunter
ein artikel verschwunden
mit dem wort kontingenz

schneckenhäuser sind mausoleen

ohne inhalt
sammle sie zu füßen der buche
setze sie abgestorbenen ästchen auf

hervorstechende finger
dreißigtausend buchenblätter entfalten sich
in braunrosa ein stummes spektakel

applaudiere mit zeilen
dem hinschmelzenden neckar gleich
es rauscht aber nur der wind

Ortstermine, Autopsie

Könne er sich nicht erinnern, so der Onkel. Bei bestem Willen. Aber etwas bizarr komme es ihm doch vor, daß ich das Heftchen, er sagte ›Heftchen‹, abgewogen hätte. Was mich denn da geritten habe?!

92 Gramm, also bitte!

Die Frage konnte ich, stud. phil., zweites Semester, gut kontern. Man habe auf den Buchmessen Ende 18. Jahrhundert Bücher nach Gewicht gehandelt. Diese streng materialistische Haltung dem Gegenstand Buch gegenüber sei mir in diesem Fall augenöffnend gewesen. Ich sagte tatsächlich ›materialistisch‹, und ich sagte ›augenöffnend‹.

Du verwendest gern die Verlaufsform, meinte Onkel Günther, und hielt mir, einen Stengel einladend hervorgezupft, das Päckchen Gitanes hin. Er wußte, ich hatte mir die Raucherei mühsam abgewöhnt, zuletzt täglich dreißig Rothändle. Sein konzilianter Hedonismus kannte keine Gnade.

Nachdem ich abgelehnt hatte, setzte er nach:

Die Verlaufsform hält die Aktion in der Schwebe, irgendwas zwischen Aktiv und Passiv, bist du das gegenwärtig? Dazwischen, meine ich.

Vor sich eine Flasche Pernod, der immer dabei war, wenn wir debattierten. Karaffe mit Wasser. Er goß sich zum dritten Mal ein. Seiner rechten Hand fehlten Ringfinger und kleiner

Finger, man sah es, wenn er das Gläschen zum Mund führte. Im Flur seiner Wohnung, gleich neben der aus drei knollennasigen Haken bestehenden Garderobe, hing ein großer Spielautomat, drei hinter Glas rotierende Scheiben, zu stoppen mittels dreier Tasten darunter, ein blinkendes, orgelndes Monstrum, wie ich es nur aus Kneipen kannte.

Günther war Arzt. Seit Jahren zog er von Krankenhaus zu Krankenhaus, mal kündigte er, mal wurde ihm gekündigt. Zuletzt waren in Bad Wörishofen die Kurgäste mißtrauisch geworden: ein Arzt ohne Doktor! Jetzt saß er in Eschenlohe bei Garmisch und führte kurende Siemensianer auf die Hohe Kiste.

1942 auf halbem Weg zum Mediziner einberufen und zur Verwendung als Unterarzt an die Ostfront kommandiert. Vom Basis-Lazarett Gumrak Anfang 1943 aus dem Stalingrader Kessel ausgeflogen. Nach dem Genesungsurlaub im Kaukasus.

Wo genau?, fragte ich.

Also wirklich. Ihr habt Vorstellungen. Er sagte ›ihr‹, meinte uns, Studenten, junge Leute.

Ich, der Student sagte: Und das hier mußt du zu Weihnachten dreiundvierzig bekommen haben …

Ich schob ihm das an den Rändern bräunlich abgenutzte Büchlein über den Tisch, das Signet des Cotta-Verlags darauf: ein geflügelter Greiff mit erhobener Tatze, MDCXL, das Format etwas größer als Oktav. Günther schob's zurück.

HÖLDERLIN
FELDAUSWAHL

Ich blätterte, las vor: Auflage Ein- bis Hunderttausend. Buchgestaltung und Druck: Scheufele in Stuttgart … Hunderttausend Auflage, sagte ich, zweiundneunzig Gramm jedes

Buch, das macht neuntausendzweihundert Kilogramm, das sind über neun Tonnen Hölderlin.

Das war die Pointe: neun Tonnen Hölderlin, den Stich hatte ich vorbereitet.

Wo hast du das überhaupt her? fragte er ungerührt.

Wäre auf der Rückseite des Titelblatts nicht in violett verfärbter Tintenschrift sein Name gestanden, Günther hätte glatt abgestritten, daß die Feldauswahl aus seinem Besitz war. Über seinem Namen stand ›Diese von Friedrich Beißner besorgte Auswahl erschien im Auftrag der Hölderlin-Gesellschaft und des Hauptkulturamts der NSDAP‹.

Günther hob das milchig befüllte Gläschen, und plötzlich herangezoomt sah ich die drei Finger, die Hand ein perfektes Greifinstrument zum Heben von Flasche, Glas und Zigarette – drei Finger, mehr brauchte es nicht. Die fehlenden beiden hatte er nicht bei Kampfhandlungen, sondern am Seziertisch verloren. Nach dem Kaukasus ging es in den Westen, die Invasion war abzuwehren, Dezember 1944 Ardennenoffensive, Günther ›geriet‹ in amerikanische Gefangenschaft und landete nach Kriegsende bei den Franzosen. Die verpflichteten den deutschen Unterarzt, zu Identifizierungszwecken Sektionen an aus KZ-Massengräbern Exhumierten vorzunehmen. Ein von Besatzungszonen unbehindertes Nachkriegsreiseleben begann. Tagsüber mit Gummischürze und, wirklich wahr!: mit Baskenmütze war er tätig an den Leichentischen. Abends Pernod, Gitanes, Wohlleben in der Hölle. Vielleicht war es eines Nachts zu viel davon gewesen, jedenfalls schnitt er, der Linkshänder, sich anderntags mit dem Skalpell in die irgendetwas – man will es nicht genauer wissen – haltende Rechte. Leichengiftintoxikation drohte, und was bedeuteten nach all den Amputationen an anderen zwei eigene Finger!

Aus deinem Kaufbeurener Keller, sagte ich und meinte den Ort, an dem ich seinen Hölderlin gefunden hatte.

Zum ersten Mal an diesem Abend sah er mich direkt an; der Pernodschimmer in seinen Augen war weg. Bezirkskrankenhaus Kaufbeuren, eine seiner Stationen, wo ich vor eineinhalb Jahrzehnten einen Teil der großen Ferien verbracht hatte. Kistenweise Material, sagte meine Mutter während der Hinfahrt nach Kaufbeuren, das hat er da im Keller und macht nicht seinen Doktor draus.

In dem betreffenden Sommer genügte mir, daß zu ›Keller‹ und ›Material‹ ich von den beiden Söhnen Günthers die Information erhielt, im Keller befänden sich noch ganze Stapel ›Mickey Mouse‹ und ›Fix und Foxi‹. Wenn wir nicht zu dritt draußen herumzogen, lasen wir Comics. Mediales Neuland für mich, der Sommer leuchtete auch in den Farben von Disney und Rolf Kauka. Am Ende wollte ich für die anstehende Schulzeit vorsorgen und stieg heimlich in den Keller, mir neues Material zu besorgen. Griff wahllos zwei Armvoll Hefte, die auf einer Kommode geschichtet lagen, und stieg wieder hinauf. Ja, ich hatte da auch Kisten gesehen, eingestanzt in das solide Holz irgendwelche Buchstaben- und Zahlenkombinationen.

Ein Haufen ›Fix und Foxi‹, sagte ich, aber auch ›Quick‹, ›ADAC Motorwelt‹ darunter – und eben …, ich stockte –

der Hölderlin, ergänzte Günther. Es war der Augenblick, für den ich mich mit den neunkommazwo Tonnen NSDAP-Hauptkulturamt und einem tribunalistischen Tonfall gerüstet hatte.

Nicht nur du, auch der Hölderlin so zwischen diesem und jenem, Günther begann zu lachen.

Erleichterung. Ich widerstand an diesem Abend mehrmals dem Angebot einer maisblattgelben Gitane, hielt aber mit beim Gläschen für Gläschen von gelb in milchweiß verwandelten Pernod, dem Seziertischtröster.

Ein trüber Märztag 1977, im Radio ein Bericht über die Schauspielerin Ingrid van Bergen, die Wochen zuvor ihren Geliebten (›Du klimakterische Kuh!‹, sagte der zu ihr) erschossen hatte, und eine Mitteilung des baden-württembergischen Innenministers Schieß (›Schieß‹ hieß der!), daß in Stuttgart-Stammheim Gespräche zwischen der Baader-Meinhof-Gruppe und deren Anwälten abgehört worden waren.

Die Telephonzelle, vor der ich nach vormittaglanger Fahrt stoppte, war nur mit beidhändiger Anstrengung zu öffnen, Türangeln verklemmt, Glas zerschlagen, Vandalismus in Tübingen?

Wie erhofft führte der meßbuchgroße Wälzer in seinen grauen Kolonnen Namen und Telephonnnummer auch des Emeritus Beißner auf. Ein Rufton läßt, rein physikalisch genommen, nichts hören als gleichbleibend dieselbe Frequenz; mir aber hallte das vielmalige Signal von meiner schäbigen Zelle aus in heilige Hallen hinein.

Ja, bitte? Eine Frauenstimme.

Ich nannte meinen Namen, beeilte mich, von dem weiten Weg zu sprechen, und … ob ich … den Herrn Professor …

In welcher Angelegenheit, bitte?

Während der stundenlangen Fahrt, dudumm dudumm dudumm über die Hitlerplattenautobahn zwischen München und Stuttgart, hatte mich in postalkoholisch induzierter Grübelschleife der Begriff AUTOPSIE verfolgt. Diesbezüglich verband Philologie und Medizin eine seltsame Schnittmenge. Die ›Prüfung durch eigenes Ansehen‹ verifizierte den Textbefund, und die Medizin sicherte sich mittels

›Sichtbarmachen durch Sezieren‹ die ultimative Diagnose. Hier wie da ging es darum, mit eigenen Augen zu sehen. AUGENZEUGENSCHAFT als Maxime neuzeitlicher Wissenschaft, basale Operation von Empirie. Aber was mich trieb, war kein Wissenschaftsethos, sondern ein Bedürfnis, nein, eine Sucht, eine Gier geradezu, endlich klarzusehen, offenzulegen, ja, dem WIRKLICHEN gegenüberzustehen, Gier, die mich in meinem ErVier dudumm dudumm dudumm über die BAB trieb, bis nach Tübingen und in die ramponierte Telephonzelle hinein, wo ich dann aber das Wort ›Feldauswahl‹ erst nach Stocken über die Lippen brachte.

Das ist nicht möglich, mein Mann ruht jetzt.

Kann ich nicht später …

Nein, das ist nicht möglich.

Das Geräusch bei Beendigung fernmündlicher Verbindung klang damals noch nach Abbruch …

Kkrchchzz.

Der Türhüter erkennt, daß der Mann schon am Ende ist, und um sein vergehendes Gehör noch zu erreichen, brüllt er ihn an: ›Hier konnte niemand sonst Einlaß erhalten, denn dieser Eingang war nur für dich bestimmt! Ich gehe jetzt und schließe ihn.‹

Ich wählte erneut, das Tuuuten klang jetzt nach vorsätzlicher Körperverletzung.

Punkt 16 Uhr stand ich vor der Tür des gediegenen Hauses, Hanglage. Eine Gartenschere in der Hand die Türhüterin. Kurz und dringlich waren wir aneinandergeraten, nun war es fast die Begegnung von gut Bekannten. Noch eine Tür, sie winkte mich mit der Schere hinein. Wie zur demonstrativen Bestätigung meines Gefühls, fortgesetzt Tabubruch zu begehen, kam mir mühsamen Schritts eine gebeugte Gestalt entgegen. Ich konnte dem Professor die Hand geben, nicht ihm ins Gesicht sehen. Er arbeitete sich an den Schreibtisch zurück, auf dem ich schon beim Eintreten die Feldauswahl hatte liegen sehen. Ob die Hölderlinbüste tatsächlich auf einer kannelierten Säule prangte, muß ich nach all den Jahren in Zweifel ziehen. Ich neige beim Erinnern zu typisierender Überzeichnung. Als Bild ist geblieben der tief über den Tisch gebeugte Gelehrte, hinter dem die ›Säule‹ aufwuchs, die das Bildnis dessen trug, dem auf den Sockel zu helfen, er sich krumm gearbeitet hatte.

Auch das Folgende gegenwärtig in Kontrasten. Auf der Sofakante hockend, hatte ich mangels anderer Ablagemöglichkeiten die Feldauswahl und außerdem den grünen Einführungsband der Frankfurter Ausgabe vor mir auf dem Teppich platziert. ›Am Beispiel der späten Entwürfe wird die Notwendigkeit einer neuen historisch-kritischen Ausgabe begründet und zugleich deren Editionsmodell dargestellt‹, stand in mächtiger Schrift auf dem Titel. Notwendigkeit einer neuen Historischkritischen! Schwarz auf Grün und mit rotem Stern richtete sich das gegen die nach über dreißig Jahren fertiggestellte

GROSSE STUTTGARTER HÖLDERLIN-AUSGABE

des Emeritus Professor Doktor Friedrich Beißner. Er hatte das Projekt 1943 begonnen, genau in dem Jahr, in dem er auch die Feldausgabe herausgegeben hatte. Die Frankfurter hatten vor, jedes Manuskript Hölderlins als Faksimile abzubilden und in sogenannten Phasenanalysen den Entstehungsprozeß der Gedichte und Texte offenzulegen. Damit wurde das Editionsmodell, das Endfassungen präsentierte und Varianten, Korrekturen und Strittiges in einem angehängten Apparat unterbrachte, konterkariert. Autopsie am laufenden

Band gegen autoritativ verfügte Form, *work in progress* gegen DAS WERK. Für Traditionalisten war das eine verwerfliche Politisierung Hölderlins. In meinen Augen hingegen stellte gerade die Feldausgabe eine brutale politische Inanspruchnahme des Dichters dar.

Zu billig schien es mir aber, das sattsam traktierte ›Der Tod fürs Vaterland‹ als Mißbrauchsbeleg Beißner hinzuhalten. ›An den Aether‹, ebenfalls in der Feldausgabe zu finden und von einer, was euphorisches Raumerleben betrifft, präzisen Bildlichkeit, war das Gedicht, mit dem ich klar machen wollte, welche Widersprüche die Auswahl vor dem damaligen Hintergrund sich leistete. Der ›Hintergrund‹ waren die 1943 besonders heftigen Luftangriffe auf deutsche Städte. Im Juli war Hamburg in einen Feuersturm hineingebombt worden, Anfang Dezember Leipzig. Ich zitierte:

Und es drängt sich und rinnt aus deiner ewigen Fülle
Die beseelende Luft durch alle Röhren des Lebens.
Die beseelende Luft, sagte ich. *Alle Röhren des Lebens,*
sagte ich, und las:
des Aethers Lieblinge, sie, die glücklichen Vögel,
Wohnen und spielen vergnügt in der ewigen Halle des Vaters!
Glückliche Vögel in der ewigen Halle, sagte ich. Hölderlins Luftozean als bomberdurchkreuzter Luftwaffenaether!

Ja, eben, sagte Beißner. Eine Gegenwelt, Hoffnung auf Errettung, irgendwie doch noch.

Vor dem geöffneten Fenster knipste und raschelte es. Angespannt wie ich war, bemerkte ich das Geräusch erst, als Beißner mit Mühe die wenigen Schritte tat, um dann zum Fenster hinauszureden: Könntest Du das bitte für einen Augenblick unterbrechen, meine Gute? Dann schloß er das Fenster.

In jenem grünen Einleitungsband habe ich damals Verse aus dem hymnischen Fragment ›Der Adler‹ angestrichen. Es entstand in einer Zeit, in der Hölderlin bereits psychische Auffälligkeiten zeigte.

> *Es stehen die Berge doch still,*
> *Wo wollen wir bleiben?*

Ich erinnere, daß mich an Hölderlins Gedichten besonders anzog, wie leichthändig er weiträumige VERORTUNGEN vornimmt. Die Geographie kennt den Begriff der MENTAL MAP, damit sind die kognitiven Karten gemeint, die jeder Mensch im Kopf hat und die erheblich von dem abweichen können, was Landkarten oder Google Maps uns zu sehen geben. Hölderlin unterlegt die Verse mit seiner *mental map*, die an Strömen, Gebirgen, Städten, Landschaften orientiert ist, teils an sehr konkreten Formationen (Neckar, Gotthard etc.), teils an mythischen Gestaden (Olympos). In echt Begehbares und nur in der Imagination Beschreitbares werden überblendet. Dergestalt, daß VIA Rhythmus und Klang Über-gänge dann doch plötzlich möglich scheinen. So weit die Räume sich aber dehnen, sie bleiben stets auf den menschlichen Körper bezogen. Das gewährleistet der Gesang, der vom Atem getragen wird. Im Zentrum der Hölderlinschen *mental map* steht die Atemsäule, jene in wechselnder Strömung sich haltende ›Säule‹. Der Schlußteil des Adler-Gedichts beantwortet die vor einer großen Textlücke gestellte Frage *Wo wollen wir bleiben?* mit diesen Versen:

> *Will einer wohnen,*
> *So sei es an Treppen,*
> *Und wo ein Häuslein hinabhängt*
> *Am Wasser halte dich auf.*

HERIBERT KUHN

Und was einer hat, ist
Athem zu hohlen.

Das ist des Bleibens ganzer Ort. Eine prekäre Vertikale, in der das *Häuslein* der Idylle – die niemand so unsentimental zu fassen wußte wie Hölderlin – nur über Treppen zu erreichen ist und überm Abgrund hängt; eine Gebirgswand, ein Wasserfall vielleicht, ein Ort, in dem, auf den hin alles sich zusammenzieht, was zu Anfang der Hymne von der Position des Adlers aus in geographische Weiten und geschichtliche Räume hinein überblickt werden konnte.

Von Walter Benjamin stammt das Begriffspaar ›Bildraum-Leibraum‹. In Hölderlins *Adler* verengt sich die zuvor entfaltete Weite des Bildraums auf die Enge des atmenden Leibraums. ›Enge‹ ist die Wortwurzel von ›Angst‹. Die Enge ein Nicht-Ort, der aber zum Umkehr-Ort einer Selbstvergewisserung werden kann, die sich mit dem nächsten Atemzug nur wenigen, aber NEUEN Raum zurück*hohlen* kann.

Das Infernalische der finalen Auswirkungen des Virus besteht in dessen Angriff auf die Lunge. Menschen an Beathmungsgeräten. Der Lockdown hat in nie dagewesener Weise den Lebensraum verengt, eine Kontraktion, die bis zur letzten leibräumlichen Einschnürung der Atmung sich fortsetzen kann. Letzter Ortstermin der eigene Leib. Der AETHER, Hölderlins hymnischer Begriff zur Beschwörung einer athmenden Durchdringung von Leib- und Bildraum, ist zur verdachtsträchtigen AEROSOLZONE geworden. So kommt wieder zu Bewußtsein, was Aether sein kann. Und Lockdown, Schließung und Öffnung erhalten, so man sich darauf einläßt, in jedem Atemzug unmittelbaren Bezug zur *Gefahr* und im *Athem hohlen* zum *Rettenden auch.*

PAULINE FÜG

was noch zu retten ist (Lyrikzyklus)

ret·ten

schwaches Verb

1. *aus einer Gefahr, einer bedrohlichen Situation befreien und dadurch vor Tod, Untergang, Verlust, Schaden o. Ä. bewahren*
   »*die Welt retten*«
2. *in Sicherheit bringen; aus einem Gefahrenbereich wegschaffen*
   »*sich aus einer Gefahr retten*«

sein

unregelmäßiges Verb

1. *dient der Perfektumschreibung*
   »*er ist gestorben*«
2. *dient der Bildung des Zustandspassivs*
   »*er ist gerettet*«

1. die wahrheit

das manual der gegenwart
ist schlecht übersetzt
hat zu wenig bestandteile inklusive
es fehlen seiten zwischen denen
man die zeilen suchen könnte
die fake news am morgen
das verlegte lächeln beim ergebnis
das zusammensetzen der wissenschaften

an jedem anderen tag
wären wir auf die laute straße gegangen
und nie wieder weg

2. das gefühl

die bildschirme verschwimmen zwischen
unseren fingern wenn wir tauchen gehen
wir tragen die schwimmhäute mit würde
pressen uns durch die gewässer
wissen: dass nichts davon bleibt

nicht die elektroden unserer worte
die wie lastkräne unsere herzen
über die ufer heben
während wir noch auf den fliesen
nach möglichkeiten tauchen

nicht die dinge die wir fühlten
als wir beim touchen der oberfläche
fotografien aufnahmen
eine für dich eine für mich

die neuesten produkte halten 8 stunden
auch in dieser tiefe äußere einflüsse aus

3. die ruhe

einmal sagte mir jemand ich solle
im gegenwärtigen moment ruhe finden
aber ich wusste nicht wie

am anderen ende der nacht fällt etwas
auseinander ich fühle mich immer
deplatziert zwischen 12 a.m. und 12 p.m.

4. der abstand

komm wir gehen in die steinbrüche
wir nehmen strom mit wohin uns
keiner sieht zwischen die archäologie der
letzten monate die sich
mit digitalem staub bedecken

komm wir bleiben in den steinbrüchen
wir nehmen uns mit an die grenze der
wege karten augenmaß höhenmeter
was ist das was letztendlich zählt

komm wir gehen über die grenze
in steinbrüchen sehen wir schon
mit den augen der letzten monate
wir blinzelten so gut wie nie

5. die welt

in der zeitung steht zu wenig vom
zu viel in dieser welt und auch keine
anleitung was ich damit jetzt machen soll

die zeitung ist immer zu dick oder zu lang
ich kann so viel tag von einer welt
gar nicht lesen wie ich gerne würde

immer stolpern meine hände beim blättern
falten sich zu kleinen flugzeugen
wenn ich nichts mehr glauben möchte
von dem das ich lesen muss

6. der ausweg

jemand fragt wann sich die tür schließt
und ob es einen schlüssel für den notfall gibt
ist der durchzug so in ordnung
bekommst du noch luft zwischen den
bildschirmen ist viel los oder nicht?

was kannst du von hier aus sehen
sind es noch dieselben menschen im
nachbarhaus wie in der woche zuvor
denn die geräusche sind anders
und die bewegung der dielen oder nicht?

könnte es sein dass sich was ändert
hast du angst davor und wenn ja
woran erkennst du das und wenn nein
dann macht das doch keinen unterschied
machst du weiter oder nicht?

PAULINE FÜG

7. die freiheit

im dunkeln rennen lockt raubtiere an
und abends bleibt man jetzt sowieso
vorm bluescreen schieben sich
manchmal die gardinen
über ein draußen das flackert und flirrt
ein glitch in der echtzeit wirklich ich
hab das gesehen hast du das auch
ein leuchten noch hinter dem wetter
ein scharren noch vor der türschwelle
ein rauschen noch in der dämmerung
wenn wir uns überlegen wie sich totstellen
richtig anfühlt

musst du das sagen man muss das
nicht sagen in den nächten die anders
geworden sind neben den licht
durchlässigen fenstern unter der tür
kriechen die stimmen ins haus
zwischen den stunden zählt jemand
die gläser und verschüttet den tag

8. die menschlichkeit

wir müssen automatismen für
katastrophen schaffen für etwas das
bricht und für unsichtbare gefahren für
bedrohungen des inneren und des
äußeren für angriffe auf unsere hülle
für die temperaturen der zukunft und den
vogel auf dem dach für unsere soziale
distanzierung voneinander und das lernen
und arbeiten an jedem ort für die
entscheidung in kritischen situationen und
die lage der nation für wenn man nachts
nicht schlafen kann und für wenn andere
nachts nicht schlafen können wir
brauchen dringend :ich wiederhole mich:
automatismen für mehr menschlichkeit in
der welt

9. der kopf

ich war einmal
ein paar tage offline musste mal sein
und dann komm ich zurück in die welt
und dann ist voll viel passiert in der welt
und irgendwie ist trotzdem alles wie immer

ich war einmal
ein paar tage wirklich nur im moment
war mir alles zu viel und zu wenig auf
einmal
war so viel in meinem kopf von der welt
zu viel nebengeräusche vom leben

ich war einmal
leise für ein paar tage wirklich ich hab es
versucht nur geflüstert bin über
türschwellen auf zehenspitzen balanciert
weil ich für ein paar tage ohne fußabdruck
bleiben wollte in dieser welt

10. der/das morgen

wenn ich atme klingt es wie ein
schneesturm rauscht im kopf
und später dann frag ich dich
wo du geblieben bist und du sagst:
du seist unters eis geraten denn

wenn du atmest ist dein kopf ein
schneesturm und die kristalle legen
sich als geheimnisse auf deine haut
und ich sage nicht:
ich wüsste wo wir geblieben sind

wenn es klingt als wären wir unters
eis geraten und wenn dein kopf ein
rauschen ist auf meiner haut und
wir uns selber in den flocken
finden atmen wir stürmisch

: und bleiben schließlich solange
der winter bleibt

II

RUTH ERAT

Fragile

November:

Der Weg über den See führt aus dem Land mit den vielen
    Corona-Toten hinaus.
Auf der Fähre werden noch immer Kaffee und Gipfel ser-
    viert.

Ich eile durch Friedrichshafen, weiche den Menschen aus.

Lindau ist menschenleer.
Regen fällt. Die Cafés und Gasthäuser haben geschlossen.
Der Bodensee sei silbern, hatte die fröhliche Frau auf der
    Fähre gesagt.
Bleiern, denke ich.

Vom Zug aus lese ich: die Namen der Bahnstationen.
Hergatz. Röthenbach.
Hügelgrün. Habliche Häuser.
Fichten, Birken, Hasel, eine einzelne Lärche.
Am Waldrand zwei oder drei schwarze Sonnenblumen.
Am Baum auf einem Hügel eine Schaukel.
Weiter weg ein einzelner Schopf.
Um ein Haus ein Zaubergarten:

Halme, trockene Blüten, Kohl, Lauchgrün und Buchenlaub-
   braun.
Später Riedgras und Wasserflächen.
Eine Brise lässt den Seespiegel erblinden.
Dahinter Wiesland. Güllewagen und Siloballen.
Die Hügel hinan Schnee.

Warum erwarte ich im November fröhliche Menschen?
Es ist die Zeit der Seuchenzüge.
Der Tod ist gefräßig.

In Berlin fahren die Busse nicht mehr bis zur Friedrichs-
   hagener Straße.
Die Torstraße ist menschenleer.
Im *Tucholsky* ist aufgestuhlt.
An der Friedenstraße bietet das *Erdton* Essen zum Abholen an.
Ich sitze im Haus und höre die Schritte im Treppenhaus.

Nachts in der Küche ist alles wie immer.
Es gibt Rosenkohl und Reis und ein Glas Rotwein.
Das Essen wärmt.

Ich packe Bücher ein. Schlingensief, Houellebecq –
meine späten Entdeckungen.
Was ich immer wieder gelesen und gehört habe:
Joseph Conrad, *Herz der Finsternis*, Herman Melville, *Moby
   Dick*,
Sebald, *Austerlitz* – auch als Audio-Book
wie Hans Magnus Enzensbergers *Hammerstein oder der Eigen-
   sinn*,
Raoul Schrotts *Gilgameschepos*,
Peter Wapnewskis *Der Parzival des Wolfram von Eschenbach*.

Was für eine Männerwelt.

Was für ein Blick auf eine Welt, die in ihren eigenen Untergang hinein läuft.

Ich fotografiere den letzten Moment meiner Berliner Gegenwart:

Der Kühlschrank Marke Privileg. Die Badewanne.

Das Baugerüst. Eine Küchenuhr aus Plastik. Die Schwarz-Weiß-Aufnahmen: elfenbeinfarbene Frauenrücken über dunklem Wasser, ein windschiefer Baum im Schnee.

Der Blick auf ein Klettergerüst für Kinder und die Rückwand der Backsteinkirche.

Ein erstaunlich hellgrünes Blatt in der Sonne.

Ich werde nicht wieder hierher zurückkehren.

An der Boxhagenerstraße, in der Wohnung der Freunde, fällt der Blick durchs Fenster.

Auf über Balkone gehängten Tüchern lese ich: *Smash Patriarchy* und *Black Lives Matter*.

In der Kälte der Weg zum Biomarkt an der Warschauerstraße.

Essen für die vorgeschriebene Quarantänezeit.

Drei Menschen stehen vor einem Glühweinverkauf.

Ihr Abstand zueinander beträgt zwei oder drei Meter.

In der Wohnung koche ich mir einen großen Topf Gemüse.

Zurück am Bodensee sehe ich einen Alpenstrandläufer.

Er sei hier selten zu Gast, höre ich.

Auf dem Rost über dem Abwasserauslauf

sitzt zwischen Kastanienlaub ein Eisvogel.

Meine Schritte schrecken ihn auf.

Blau schwirrt er aus dem Braun hinaus über den See.

Ende Dezember:
Auf dem TV-Schirm Menschen an der Grenze zu Europa.
Sie stehen im Schnee. Ihre Füße und Augen sind dunkel.
Das Land, in dem sie in der Winterkälte angekommen sind,
    bietet kein Dach, kein Brot, keinen Schutz. Das Land jen-
    seits der Grenze treibt sie zurück.

Ein Austernfischer ist am See angekommen –
auch er ein seltener Wintergast unter den Zugvögeln, heißt
    es.
Eine Frau erzählt, wie er einen unglaublich langen Wurm aus
    der Erde zog.
Sie hat ein rundes, frohes Gesicht.

Einer der Menschen an der Grenze sagt dem TV-Reporter, ja,
er versuche wieder hinüber zu kommen.
Immer wieder.

Januar:
Ich warte auf den Operationsbericht.
Mir ist schlecht.
Vor mir liegt der Mann, mit dem ich Jahrzehnte zusammen-
    lebte, reglos.
Ohne Herzschlag, ohne Atem.
Erst gegen Abend höre ich von ihm.
Die Operation habe viel länger gedauert als erwartet,
der Krebs die Lymphknoten befallen,
sich in den Muskel und das Fettgewebe eingenistet.
Hans lebt.

Schnee ist gefallen.
Nachts fahren Räumungsfahrzeuge.

RUTH ERAT

Ihr kreisendes Licht erhellt den Wohnraum mit einem wiederkehrenden Flackern.

Auf dem Weg nach Zürich bleibe ich in Weinfelden stecken.
Es ist kalt. Ich laufe beständig auf dem Bahnsteig hin und her.
Ein Zug blockiert die anderen Züge.
Die Lautsprecherstimme vermeldet unbestimmte Verspätung,
dann Zugausfall.
Es ist dunkel, als ich in Zürich ankomme.
Die Tram fährt nicht. Die Schienhutgasse hinan ist es glitschig.
Auf dem Rückweg halte ich mich hier am Geländer fest
und rutsche über die Treppenstufen hinunter.
Neben mir liegen junge Frauen auf dem Rücken, strecken
ihre Beine in die Höhe,
gleiten wie auf einer Rutschbahn hinunter.
Sie lachen. Ich lache mit.

Der Bericht des Chirurgen ist schlecht.
Man hat nicht wie erwartet alles entfernen können.
Es wird noch eine Chemotherapie brauchen.
Es tut leid, dass es so ist.
Wir sagen nichts dazu.

Wieder unterwegs nach Zürich.
Über dem Thurtal steigen Vögel empor, schweben weiter.
Dunkle Flügel über einem verschneiten Land.
Rückeroberung, denke ich.

In Zürich fotografiere ich vom Spitalzimmer aus die Semper-Sternwarte.
Ihr Kuppeldach ist weiß verschneit.

Es wird wohl so oder so nicht mehr für Himmelsbeobachtungen geöffnet werden.
Ich denke an die Lichtverschmutzung und an Friederike Mayröcker, die hier einmal las.
Ihr schwarzes Haar und *semper semper* –

Einer ist auf der Urologie positiv auf Corona getestet worden.
Hans hat drei Möglichkeiten: noch länger im Spital bleiben, auf Schloss Mammern in Isolation leben oder heimkommen.
Er kommt heim.

Ich gehe zunehmend schneller.
Bei Wiedehorn landen neben mir Brachvögel auf dem Feld.
Beim alten Rossbad zeigt eine Frau auf eine Lücke im Schilf.
Ein Silberreiher, sagt sie zu mir.
Ich sage: Ein weißer Vogel. Einer allein.

Wir wechseln immer wieder das Wundpflaster.
Aus der einen Wunde rinnt stetig eine farblose Flüssigkeit.

Vom Schnee sind nur noch schmutzige Haufen geblieben.
Auf meinem Weg durch die Kleinstadt schreien über mir Rabenvögel.

Daheim sitzen wir am Fenster.
Im Haus blühen hundert Tulpen.

RALF SCHWOB

Du bist da

Das Melanie-Mädchen kommt montags. Kommt montags, kommt dienstags. Kommt mittwochs? Kommt jeden Tag in der Woche immer morgens nach dem Aufwachen oder kurz davor.

Das Licht vor dem Fenster ist schon da, aber noch trüb, der Wecker zeigt acht Uhr, manchmal auch fünf nach, dann höre ich, wie sich der Schlüssel im Schloss dreht, manchmal vorher schon Schritte im Hausflur. Das Melanie-Mädchen trägt neuerdings eine giftgrüne OP-Maske und blaue Einmal-Handschuhe, steht an meinem Bett, hebt die Decke an und sagt: »Randvoll mal wieder. Da hatten wir ja gerade nochmal Glück.«

Das Melanie-Mädchen verschwindet kurz im Bad, kommt mit der geleerten Urinflasche wieder zurück und sagt: »Melanie arbeitet nicht mehr bei uns, ich bin Lisa.«

Richtig, denke ich, das Melanie-Mädchen war ja blond und das Lisa-Mädchen hier ist dunkelhaarig. Ob blond, ob schwarz, ob braun, denke ich und frage mich, ob das Lisa-Mädchen das wohl noch kennt, da deutet sie auf dein Bild, das auf dem Nachttisch steht, und fragt, welche Haarfarbe du früher hattest. Auf dem Bild sind sie natürlich grau, aber früher da ... da waren sie ... nun warte doch mal ...

»Nicht so schlimm«, sagt das Lisa-Mädchen, »ist nicht so wichtig.« »Doch«, sage ich, »doch, das ist wichtig.«

Das Lisa-Mädchen hebt die Schultern und lässt sie wieder fallen. Schaut auf die Uhr. Überlegt. Beißt sich auf die Unterlippe. Hat nicht viel Zeit.

Ich denke noch über deine Haarfarbe nach, als sie mir aus dem Bett hilft und ich über den Rollator gebeugt mein Gleichgewicht suche. Einmal war eine da, die hatte grüne Strähnen im pechschwarzen Bubikopf, da hast du noch gelebt. Fesch, hast du gesagt, sehr fesch, und gelacht. Vielleicht hat das Lisa-Mädchen ja recht und das mit deinen Haaren ist wirklich nicht so wichtig. Aber dein Lachen zu vergessen, das wäre schlimm.

Das Lisa-Mädchen setzt mich an den Küchentisch und macht Frühstück: riecht an der Milch, schiebt Weißbrot in den Toaster, nimmt einen Kaffeefilter aus der Packung, schaltet das Radio ein und summt eine Schlagermelodie mit. Ich setze meine Brille auf, recke den Kopf und sehe durchs Fenster in den trüben Vormittag hinaus: Häuserfassaden, Bushaltestelle, Altglas-Container. Ein paar Autos parken am Straßenrand. Die Sonne ist auch noch nicht da, versteckt sich hinter einer grauweißen Nebelwand. Das Lisa-Mädchen stellt Dinge vor mich auf den Tisch: gebutterten Toast, Kaffee, Erdbeer-Marmelade und das Schälchen mit den Tabletten. Ich deute auf ihre Maske und frage sie, wie wir das später mit dem Rauchen machen.

»Ich rauche nicht«, sagt das Lisa-Mädchen. »Das war Melanie.«

Das Mittagessen klingelt wie immer einmal kurz, zweimal lang. Es wartet geduldig, weil es weiß, dass ich nicht mehr der Schnellste bin. Außerdem bin ich wieder mal am hell-

RALF SCHWOB

lichten Tag vor dem Fernseher eingeschlafen. Ein stattlicher Mann im schwarzen Anzug spricht mit bayerischem Akzent in ein Mikrofon. Der Mann ist besorgt, äußerst besorgt, aber warum verstehe ich nicht, weil der Ton so leise gedreht ist. Das Mittagessen wird jetzt doch ungeduldig und klingelt erneut. Ich lasse den Bayern reden und mache mich auf den Weg.

Der schlaksige junge Mann vor der Tür trägt eine Maske, die aussieht wie ein umgestülpter Kaffeefilter, und grüne Handschuhe. Ich erkenne ihn trotzdem sofort an seinem hüpfenden Adamsapfel und dem zotteligen Pferdeschwanz.

»Du bist der BUFDI«, sage ich und der BUFDI sagt, dass er ab sofort nicht mehr reinkommen darf. Das sei nur zu meinem eigenen Schutz, sagt er.

»Schade«, sage ich. »Ich hatte eigentlich gehofft, wir könnten zusammen eine rauchen.«

Er streckt mir den Portionsteller mit der Haube am ausgestreckten Arm entgegen und sagt, es tue ihm leid.

Bis ich das Essen mit dem Rollator in der Küche habe, ist es nur noch lauwarm. Trotzdem steigt etwas Dampf über dem weichgekochten Gemüse auf, als ich die Haube abnehme. Ein paar labberige Pommes Frites und ein mageres Stück Fleisch.

»Und sowas nennen die dann Mittagessen«, sage ich in Gedanken zu dir und höre, wie du leise lachst.

Das Telefon klingelt im Flur. Ich habe schon wieder vergessen, es mit ins Wohnzimmer zu nehmen. Genau so wie den Notrufknopf und die Plastiktrinkflasche mit dem Saft. Der Fernseher läuft auch schon wieder, aber das Bild ist unscharf, dafür ist der Ton jetzt da, die Kanzlerin spricht laut und deutlich, auch sie ist besorgt.

Als ich endlich draußen im Flur bin, hört das Telefon genau in dem Moment auf zu klingeln, als ich abheben will, und ich stehe unverrichteter Dinge vor dem Apparat und höre nichts außer meinem eigenen keuchenden Atem. In solchen Momenten bist du eine flüchtige Bewegung im Wandspiegel, ein Vorbeihuschen am Rand meines ohnehin eingeschränkten Sichtfeldes, aber wenn ich dann innehalte und mich konzentriere, kann ich sogar einen Hauch des Parfums wahrnehmen, das du ein halbes Leben lang benutzt hast.

Im Wohnzimmer lege ich das Telefon auf die Armlehne des Sessels. Das Fernsehbild ist wieder besser. Die Kanzlerin ist weg, es läuft eine Quizshow. Jemand soll die Bundespräsidenten nach ihren Amtszeiten chronologisch ordnen und kann mit dem Namen Theodor Heuss nichts anfangen, der Moderator wiegt den Kopf und gibt einen Tipp. Ich schalte ab und sehe stattdessen aus dem Fenster: Im Haus gegenüber gehen die Lichter an, Autos stehen dicht hintereinander eingeparkt am Straßenrand. Jemand bringt schnell noch ein paar Flaschen zum Altglas-Container. Jemand wartet im Schutz des Haltstellenhäuschens auf den Bus. Bis auf das Rauschen in den Heizkörpern ist es still in der Wohnung.

Das Lisa-Mädchen kommt mittwochs. Kommt mittwochs, kommt donnerstags. Kommt freitags? Kommt jeden Tag in der Woche immer morgens nach dem Aufwachen.

Ich höre, wie sie den Schlüssel im Schloss dreht, dann ihre leichten, federnden Schritte auf dem Flur. Der Wecker zeigt fünf nach acht. Das Licht auf dem Fußboden vor dem Bett sieht aus wie ausgelaufene Milch.

Das Lisa-Mädchen kommt herein und ist gar nicht das Lisa-Mädchen.

»Wer sind denn Sie?«

»Ich bin Schwester Ingrid, Lisa ist in Quarantäne. Wir müssen nachher auch bei Ihnen noch einen Test machen.«

Die Ingrid-Schwester trägt einen blütenweißen Mund-Nasen-Schutz und lila Gummihandschuhe. Ihre feuerroten Locken wippen auf und ab, wenn sie spricht und dabei mit den Händen gestikuliert. Sie entfernt vorsichtig die volle Urinflasche zwischen meinen Beinen und verschwindet damit im Badezimmer. Als sie wieder zurückkommt, frage ich sie, ob sie Zigaretten dabeihat. Sie schüttelt den Kopf und lacht.

Die Ingrid-Schwester hilft mir aus dem Bett und ins Bad. Die Ingrid-Schwester macht mir Frühstück, kniet sich vor mich, um mir die Hausschuhe richtig anzuziehen. Ich strecke meine Finger aus und berühre kurz und sanft ihr Haar, ohne dass sie es merkt. Ein Kloß steckt in meiner Kehle fest. Die Ingrid-Schwester richtet sich wieder auf, sieht mich an und erschrickt: »Ach herrje, warum weinen Sie denn jetzt?«

Schon wieder vor dem Fernseher eingeschlafen. Ein Reporter steht in einer menschenleeren Fußgängerzone vor einem heruntergelassenen Rollgitter und sagt, dass die neuen Bestimmungen den Einzelhandel hart träfen. Überbrückungshilfen seien auf dem Weg. Man werde schnell und unbürokratisch handeln. Vor dem Fenster heute Nachmittag zur Abwechslung mal blauer Himmel mit Schäfchenwolken. Ein Bus fährt vor, ein Mann ohne Maske steigt ein und diskutiert mit dem Busfahrer. Als der Bus wenig später abfährt, steht der Mann an der Haltestelle und schimpft. Am Altglas-Container lehnen schmutzige Plastiktüten.

Mein Magen knurrt, das Mittagessen hat noch nicht geklingelt. Ich brauche drei Anläufe, dann schaffe ich es aus dem Sessel, schiebe den Rollator in den Flur. Das Essen steht auf dem Fußabstreifer vor der Tür. Ich müsste mich bücken, um es aufzuheben, habe aber Angst, dann nicht mehr hochzukommen. Links unten neben den Briefkästen fällt die Haustür ins Schloss, ein Junge kommt die Stufen herauf.

»Kann ich dir irgendwie was helfen?«, fragt der Junge, er trägt eine zerknautschte Stoffmaske unterm Kinn und einen klobigen Ranzen auf dem Rücken. Bevor ich antworten kann, hat er den Teller mit der Haube schon in der Hand, stellt ihn in den Korb am Rollator, nickt mir zu und ist schon wieder auf der Treppe, er nimmt immer zwei Stufen auf einmal.

Das Fischfilet ist zu stark paniert und mittlerweile kalt. Die Remoulade ein zähflüssiger Klumpen. Die Salzkartoffeln mehlig. Nun sieh dir das an. Ich hebe den Kopf und sehe den leeren Stuhl auf der anderen Seite des Küchentischs und für einen Moment ist es so, als hättest du nur mal eben den Raum verlassen.

Am Nachmittag klingelt das Telefon: Die Dame vom Essensdienst sagt, der Fahrer habe der Zentrale erst jetzt mitgeteilt, dass ich auf das vereinbarte Klingelzeichen hin die Tür nicht geöffnet hätte, ob denn alles in Ordnung sei?

Da war kein Klingeln, denke ich, bin mir aber im selben Moment schon nicht mehr sicher und lege auf.

Als das Telefon erneut klingelt, ist es schon dunkel. Aus dem Fernseher Schreie und Schüsse. Eine Bank wird überfallen, das SEK trifft ein. Scharfschützen robben sich über ein Flachdach in Position.

Am Telefon sagt unser Sohn, dass er es gestern schon mal versucht habe, sagt, er habe sich große Sorgen gemacht, weil ich nicht rangegangen sei, und fragt, wie es mir gehe.

RALF SCHWOB

»Ganz gut«, sage ich, »vielleicht kannst du ja mal vorbeikommen?«

»Vater«, sagt er gepresst, »ich bin in Boston, das weißt du doch.«

Die Situation in der Bank ist mittlerweile geklärt. Einer der Bankräuber bekommt Handschellen angelegt, der andere eine Kugel in den Kopf.

»Vater? Bist du noch dran?«

Die Ingrid-Schwester kommt freitags. Kommt freitags, kommt samstags. Kommt sonntags?

Die Ingrid-Schwester kommt tatsächlich auch sonntags. Steht schon vor dem Bett, als ich die Augen aufschlage.

»Ich habe geträumt«, sage ich und sie hebt die Decke an, nimmt mir die Urinflasche ab und fragt: »So? Was denn?«

Eben wusste ich es noch, aber als sie mit der geleerten Urinflasche aus dem Bad zurückkommt, fällt es mir schon nicht mehr ein. So ist das mit den Träumen.

Heute nur Katzenwäsche. Im Radio läuft das Sonntagskonzert, auf dem Tisch vor mir Kaffee und ein weichgekochtes Ei. Die Heizung blubbert. Regentropfen besprenkeln das Fenster. Autos am Straßenrand. Die Tüten am Altglas-Container sind aufgeplatzt, überall liegen Glasscherben herum. An der Bushaltestelle gegenüber steht ein Teenager im schwarzen Kapuzenpulli mit eingezogenem Kopf und vor der Brust verschränkten Armen und glotzt mürrisch in den Regen.

»Ein Sonntag, fast wie früher«, sage ich und die Ingrid-Schwester lächelt. Bevor sie geht, greift sie in ihre Kitteltasche und holt ein Päckchen Marlboro heraus.

»Morgen ist Schichtwechsel«, sagt sie und legt zwei Zigaretten auf den Tisch. »Ausnahmsweise«, fügt sie hinzu und: »Von mir haben Sie die nicht.«

Die Fernsehsender sind alle verstellt. Das Erste nur noch ohne Ton und das Zweite ohne Bild. Ich drücke auf der Fernbedienung herum, die Tasten fühlen sich klebrig an. Auf dem Kinderkanal erklärt ein Mann in bunter Clownshose wichtige Begriffe: Pandemie, Lockdown, AHA-Regeln. Der Vormittag verrinnt ohne mein Zutun und auf einmal ist es schon Zeit fürs Mittagessen: Sonntagsbraten vom Schwein mit Knödeln und Rotkohl. Endlich mal was Vernünftiges und sogar noch richtig warm.

Danach suche ich in der Schublade nach Zündhölzern. Ich stecke mir eine der beiden Zigaretten an. Der erste Zug raubt mir den Atem, aber nach dem zweiten Zug geht es schon besser und nach dem dritten muss ich nicht mehr husten und nach dem vierten schmeckt es fast so wie früher. Ich stecke die angerauchte Zigarette in die Kimme am Aschenbecher, so dass sie von alleine weiterqualmt, und schiebe ihn ein Stück weiter in die Tischmitte, dann stecke ich mir die andere Zigarette an, nehme aber nur kurze, fast zaghafte Züge, damit sie länger hält. So rauchen wir.

Als ich später mit dem Rollator ins Wohnzimmer schiebe, wird mir im Flur plötzlich so schwindelig, dass ich fast samt der Gehhilfe vornüberfalle. Ich stehe schwankend, ringe um Luft und klammere mich an den Griffen des Rollators fest. Die Welt wird schwarz. Vielleicht, denke ich, vielleicht ist es jetzt endlich soweit, vielleicht, aber dann schlägt das Herz doch wieder gleichmäßig, lässt der Schwindel nach und vor Wut kommen mir fast die Tränen.

Im Fernsehen schon am frühen Abend überall nur noch besorgte Gesichter. Die Schulen sind geschlossen und in den Altenheimen, sagen sie, sterben die Menschen wie die Fliegen. Mir ist speiübel. Selbst auf dem Kinderkanal herrscht Besorgnis. Kindgerechte Besorgnis.

Du bist da. Mitten in der Nacht. Oder ist es schon früher Morgen? Der Wecker auf meinem Nachttisch ist stehengeblieben. Die Stille noch vollkommen. Die Dunkelheit auch. Keine Schritte auf dem Flur, kein Schlüssel dreht sich im Schloss. Kein Telefon klingelt, es schellt nicht an der Tür.

Ich schlage die Bettdecke zurück und taste im Dunkeln nach der Urinflasche, ein Schwall lauwarmer Flüssigkeit ergießt sich auf das Bettlaken und über meine Beine. Ich schließe die Augen und öffne sie wieder: Du stehst vor dem Bett, bist ein Schatten im Zimmer, du schüttelst den Kopf und sagst: Wir schaffen das schon.

Wir schaffen es vor dem Bett in die Lederschlappen und sogar in den Flur – irgendwie. Wir schaffen es vor die Tür, wir schaffen es die vier Stufen am Handlauf runter bis zur Haustür und aus dem Haus: In den Briefschlitzen stecken Gratiszeitungen, es weht ein frischer Wind, der mich sofort frösteln lässt, die Straßenbeleuchtung taucht alles in gelbliches Licht. Meine Schlafanzugshose klebt mir feucht im Schritt und ich denke: Ich kann doch so nicht unter die Leute, aber du sagst: Darauf kommt es jetzt nicht an.

An der Haltestelle gegenüber fährt ein Bus vor, das Fahrzeug hält und schnauft wie ein großes, altes Lastentier.

Komm, sagst du und überquerst die Straße, die Türen öffnen sich und du steigst ein. Ich will dir folgen, aber meine Füße sind wie am Boden festgeklebt, die Beine wie aus Pudding. Du winkst mir zu: Komm schnell, wo bleibst du denn?

Ich zögere, sehe nach rechts, sehe nach links. Ein Streifenwagen schiebt sich zwischen uns. Blaulicht flackert über die

Hauswände. Einer der beiden Polizisten steigt aus und mustert mich. Er kommt näher und fragt, wohin ich will.

»Zum Bus«, sage ich aufgeregt, »ich muss doch zum Bus.« Ich deute zur Haltestelle rüber, wo du eben noch warst.

»Es fährt kein Bus mehr«, sagt der Polizist ganz ruhig. »Es ist Ausgangssperre.«

MANUEL ZERWAS

»Ich kann nicht atmen«

Das Echo
Des Röchelns
War kaum vernehmlich
Ich kann nicht atmen
Im Straßenlärm aber dann
Kroch es über das ganze Land
Ich kann nicht
Und über die Meere und vereinte
Was vereint sein muss denn Angriffe
Ich kann
Auf die Würde müssen immer ein Echo haben
Hass   macht   einsam
Und Hass ist laut und scharf und schrill aber niemals ist Hass
Ich
Lauter in der Wirkung und niemals stärker und niemals gemeinschaftlicher als Liebe

SIMONE TRIEDER

Wichtig sind Tage, die

Rausgehen: Abfahrt Peißen

Im Frühjahr muss man raus. Besonders in diesem. Wozu in die Ferne schweifen? Ich nehme mir Peißen vor. Gar nicht weit weg. Als würde ich auf einem Schnittmusterbogen das Übertreten der Striche vermeiden, so kommt es mir vor bei meiner Suche nach Peißen in Halles östlichem Umland. Die Autobahn, die Zubringerstraßen, die Gewerbegebiete und die Trassen der Eisenbahn sind im Weg. Sie führen mich in die Irre. Noch verwirrender die eigentlich für mich als Radfahrerin gedachten Über- und Unterführungen, die Autobahn und Schienen queren. Danach frage ich mich jedes Mal: Wo bin ich? Und wo ist Peißen, das ich nur von den blauen Schildern auf der Autobahn kenne: Abfahrt Peißen? Also folge ich dem Ruf einzelner Nachtigallen, die dem Schnittmuster der Straßen trotzen und die mich doch nur in die Schnecke einer Auffahrt führen, wo sie Asyl fanden. Wo sind sie, die ehemaligen Gemüsedörfer Halles, auf deren Feldern einst Gurken und Kümmel wuchsen? Hier wächst nur der Speckgürtel der Stadt. Man wohnt hier ganz nett im Windschatten des Autobahngebrauses, zähmt im Vorgarten die Natur portionsweise. Und fügt weltmännisch Exotisches hinzu: Pampagras in der Pampa von Halles Umland. Wie die sieben Bitterfelder Tanten stehen sie beisammen und rascheln mit den hochtoupierten Frisuren, kuscheln und tuscheln Schauerliches, Exotisches, Erotisches. Lästern oder träumen sie? Ist es gar das Gleiche? Eine alte kopfsteingepflasterte Straße scheint mich ans Ziel zu führen. Plötzlich rennt – hinter einem Zaun – mir eine Gruppe Strauße entgegen. Wohin wollt ihr? Zur Autobahn? Da könnt ihr nicht mithalten mit euren 70 km in der Stunde. Ist schon toll, reicht aber nicht. Steckt den Kopf in den Sand und horcht. Horcht auf den verwirrten Igel, der hochbeinig einen SUV imitierend in Richtung Auffahrt stakst. Besser, du kullerst hinab in das Bisschen unrasierte Grün, das in der Kehle der Auffahrtsschnecke vegetieren darf. Die Birke zeigt aufreizend ihr Bein in modisch gemusterter Strumpfhose dem Brautkronen herbeitragenden Weißdornbusch. Der blonde Mond rekelt sich im wolkigen Rosenbett des Morgens. Der verrät mir nicht, wo Peißen ist: Mir egal, obs Peißen gibt, wo Peißen liegt. Bockig strecken die letzten Himmelsschlüsselchen ihr goldenes Schlüsselbund den Kondensstreifen im hohen Blau entgegen: Nix da, wir bleiben hier! Das Labyrinth der Straßen und Bahnen hat Peißen noch nicht verschluckt, manchmal winkt die Kirchturmspitze, dann duckt sie sich wieder weg. Nicht Peißen erreiche ich, sondern Rabatz. Ein Minidorf, dessen Bewohner keine Lust haben, ihrem Ortsnamen Ehre zu erweisen. Das überlassen sie den Spatzen, die hier tatsächlich noch gemütliche Büsche finden. Und plötzlich führt eine hohle Gasse, Unterführung selbstredend, nach Peißen. Da liegt es in der Sackgasse zwischen den Schenkeln der vergewaltigten Natur.

Im Auge des autodurchbrausten Orkans steht still und lieb das Kirchlein mit seinem 1000 Jahre alten Turm. In ihrer Herzkammer schlägt die Kirche einen Tafelaltar auf. Fünf junge Damen auf Augenhöhe. Ebenmäßig oval die Gesichter mit dezent geröteten Wangen, schauen sie mich unter sorgsam gemalten Brauen an. Sie lächeln geheimnisvoll seit Hunderten von Jahren, da gabs die Gurken- und Kümmelfelder noch in einer sanften Landschaft mit Lerchen unter dem Himmel. An dem sich eben die flüchtigen Kreuze der Kondensstreifen auflösen.

Rausschauen: Was wird gespielt?

Ich schau ihnen gerne zu, den Nachbarn. Der rechts unten spielt bei einem Glas Rotwein vorm Sonnenuntergang mit seiner Frau Karten auf dem Balkon – was spielen sie? Die links im 3. Stock spielt Klavier, ganz konzentriert, ich sehe das Licht auf den Noten, ich höre nicht, wie gut sie spielt. Wiederholt sie das Pensum ihres Klavierunterrichts vor vielleicht Jahrzehnten? Übt sie? Ist es das Notenbüchlein der Anna Magdalena Bach oder – für ewig Elise – im Beethovenjahr? Die gegenüber links raucht früh um fünf mit einem Käffchen in der Hand ihre erste Zigarette im Morgenmantel mit einem Turban auf dem Kopf. Macht sie sich frisch für die Arbeit? Was arbeitet sie? Und er ganz unten bekommt jeden Tag die Zeitung von gestern von einem Nachbarn über die Balkonbrüstung gereicht inklusive Schwätzchen. Was reden die? Über mich?

Genau gegenüber, die junge Schlanke, tanzt. Egal, was sie tut, sie tanzt. Wirft mit Schwung die feuchten Kleidungsstücke auf den Wäscheständer, jede Klammer bekommt eine Pirouette. Ob sie ihre Tomaten auf dem Balkon pflanzt, gießt oder erntet – sie tanzt durch das Jahr. Oh, oh, ich bin froh, dass ich die Musik dazu nicht hören muss. Oder braucht sie gar keine Musik für ihren Tanz? Ihr schaue ich besonders

SIMONE TRIEDER

gern zu, beim Zuschauen schwingt etwas von ihrem Temperament zu mir herüber. Selbst, wenn sie mit dem Staubsauger neue Schrittkombinationen ausprobiert.

Gestern tanzte sie nicht, stand mit demütig gesenktem Kopf vor den drei Polizeibeamten, die ihre zertanzte Wohnung auf den Kopf stellten. Nur ihre Beine zuckten noch, als sie nickte und sich mit dem Ärmel Tränen aus den Augen wischte. Und tatsächlich, nach wohl zwei Stunden nahmen sie sie mit, trug sie Handschellen? Ich konnte das nicht sehen. Sie ist weg, meine Tänzerin. Wenn ich in ihre verwaiste Wohnung schaue, vermisse ich sie. Jetzt tanzt sie nur noch in meinem Kopf.

Drinnenbleiben: Grand Tour Frühjahr 2020

Besorgt schaue ich mir mein Zimmer an, nachdem ich gelesen habe, dass in Joseph Brodskys Leningrader Wohnung 32 Schimmelarten gefunden worden sind. Ist da was, das ich nicht sehe? Noch nicht sehe. Ich sehe den Staub, den die Sonne in diesen Tagen aus allen Ecken kramt. Ich jage ihn, erschreckt springt er in die Höhe – so lange hatte ich ihn in Ruhe gelassen. Wenn ich denke, ich hab ihn, legt er sich hinter meinem Rücken selbstbewusst wieder nieder.

Schimmel?! Was für eine furchtbare Vorstellung, wie er sich durch meine Behausung galoppierend frisst und einen verführerisch schimmernden Sammetmantel hinterlässt. Nein, meine Behausung ist trocken – eine Herberge für Staub. Punkt.

Aber, aber mein Atem ist feucht, ein feuchter Hauch geht ausgerechnet von mir aus. Ich selbst biete dem Schimmel eine mögliche Lebensgrundlage mit meinem Atem, der ja zwangsweise aus mir raus muss, solange ich lebe. Und er greift sich mein Zeug, meine Wände, das Papier, den Teppich – verwandelt alles in einen schimmernden Pelz. Zurücklehnen, durchatmen. Auweih, schon wieder. Der Blick fällt auf ein Bild. Eine Erinnerung. Brauch ich jetzt nicht, schaue woanders hin, ganz unverfänglich auf eine harmlose Vase. Auch eine Erinnerung. Ich geh ins Bett. Doch die Bettwäsche erinnert mich an irgendwas und ich flüchte ins Bad. Dort hängen Karten von Freunden aus aller Welt. Noch schlimmer – eine Karte von mir an mich selber. Was für eine blöde Idee, die ich damals originell fand: Aus der großen weiten Welt grüß ich dich, vergiss mich nicht.

Ich tigere durch meine Behausung. Überall liegt oder hängt irgend so eine Erinnerung. Aus den Ritzen quillt das unsichtbare Vergangene. Alles spricht mir von früher, von Vergangenem, von Toten und wenn nicht von denen, dann von Abwesenden. Vergebens verweise ich sie auf den Platz: Hau ab, Erinnerung. Und wo soll ich hin, fragt die Erinnerung, ich gehöre doch zu dir. Ich höre das falsche Funkeln in ihrer Stimme, hau ab, du abgetakelte Hure, abgelutscht, ausgelaugt, du amorphes Wesen. Lass deine Tentakeln von mir. Hier – Schimmel, ist was für dich. Friss es auf, alles Vergangene, damit ich sehen kann, ob noch irgendwas mir von der Zukunft spricht. Ich gehe an der Wand lang, im Kreis, wechsle die Richtung. Reise von außen um mein Zimmer. Ich muss diesen Kreis verlassen. Durch eine vertikale Bewegung. Runter in den Keller. Ohohoho, da lagert die geronnene Vergangenheit in Kartons und Regalen. Die Hardware. Herein, bester Schimmel, tu dein Werk! Pack! Fass! Hach, mach Käse draus.

Es bleibt nur noch die andere Richtung – hoch auf den Boden. Ein langer, leerer Raum – er geht über den gan-

zen Block. Insgesamt über 24 Behausungen voller Sch...er-
innerungen. Staub tanzt in den Sonnenstrahlen, die durch
die Ritzen dringen. Lieblicher Staub, der meine Sehnsucht
weckt, mich beruhigt. Man könnte den Kopf durch eines der
Dachfenster stecken und ein bisschen warten und – nach den
Sternen Ausschau halten ...

Wichtig sind

Der Versuch, den Refrain im Tempo mitzusingen, scheitert.
Wenn man die polnischen Worte sieht, kann man sich eh
nicht vorstellen, dass man sie überhaupt singen kann: Ważne
są tylko te dni, których jeszcze nie znamy. Sprechen ist ja
schon eine Katastrophe.

Wann lief der Song? War es zu der Zeit, als ich vorm Studium ein Jahr arbeitete und mich Kollegin Erna zum Tanzen
mitschleppte, weil sie mit dem Typen an der Hammondorgel
liiert war? Eine der wenigen Gelegenheiten, den verheirate-
ten Mann zu sehen; während sie mit mir tanzte, schauten sich
die beiden tief in die Augen. Erna, die ihrem Kind erzählte,
dass sein Vater Erich Honecker sei, weil sie die Unterhalts-
zahlung von »Vater Staat« bezog. Ernas Hammondspieler im
Anzug musste die 60/40-Regelung einhalten, 60 Prozent
Musik aus den sozialistischen Ländern, 40 aus dem NSW,
dem nichtsozialistischen Wirtschaftsgebiet, dem Westen. An
die sich keiner hielt, wenn überhaupt, dann umgekehrt. Also
kam vielleicht zwischen dem *Bett im Kornfeld*, *Er gehört zu
mir* und *Tränen lügen nicht* auch *Und da war Gold in deinen
Augen* und *Wichtig sind Tage, die unbekannt sind*. Vielleicht. Da
Ernas Lover als Ein-Mann-Formation den Songs jede mu-
sikalische Besonderheit nahm und alles in einen soften Brei

verwandelte, tanzte man sowieso eher zu der im Inneren mit-
schwingenden Originalmusik.

Als ich den Song nach Jahrzehnten zum ersten Mal im
Radio wiederhöre, bleibe ich mitten in der Wohnung stehen
und vergesse Staub und Schimmel und den ganzen Kram.
Da ist ein Gedanke, kaum eine Erinnerung, ja, das ist besser,
keine abgenutzte Erinnerung, sondern ein Gefühl, es überrascht mich, dass ich ein Gefühl wieder-fühle, erkenne, das
ich vor einem halben Leben hatte. Irgendetwas in uns al-
tert nicht, ich weiß noch, wie ich mich wunderte, als meine
Mutter im Alter von 92 Jahren sagte, sie würde so gern noch
mal Schlitten fahren. Sie hat es nicht vergessen, das Schlittenfahrgefühl. Die Geschwindigkeit, den kalten Wind um die
roten Ohren, das Rattern über die Buckel, die Erregung vor
der Fahrt und unten angekommen den Wunsch, es gleich
noch einmal zu tun, der vergebliche Versuch, das Flüchtige
festzuhalten. Immer wieder. So geht es mir mit dem Lied
von Marek Grechuta (mit kurzem e und dem Rachen-ch
wie in ach und Betonung auf dem u) – diesen Namen habe
ich noch nie gehört. Ich kannte einfach nur diesen Song, ich
meine, er hat ihn auch deutsch gesungen, wobei der Refrain
im Deutschen etwas sperrig klingt: *Wichtig sind Tage, die unbekannt sind.* Mein Versuch, die Zeile auf Polnisch mitzusingen – siehe oben. Grechuta ist wie alle Polen viel zu schnell,
ich stolpere hinterher. Ich sehe mir das Video an. Von 1973, da
war ich 14. Unscharfe Schwarz-Weiß-Bilder einer piefigen
polnischen Unterhaltungssendung. Mit weichen Wangen in
Anzug und Schlips, die Hände bewegungslos wie ein Soldat
an der Seite, relativ steif auch die Mimik – mit Ausnahme eines sparsamen Lächelns (gilt es den Geigen, die die Melodie
weiterführen oder dem Text?). Mich überrascht die Aufnahme, ohne Anzug und Schlips ging gar nichts im polnischen

SIMONE TRIEDER

Fernsehen der 1970er, das ist richtig, aber Grechutas Auftritt ist berührend entschlackt von allem Künstlichen, allen eitlen Gesten der typischen Sendungen dieser Zeit. Nichts. Das kleine Lächeln wirkt wie eine Reverenz ans Publikum, die Message im Korsett der offiziellen Vorgaben, wie wir sie aus dem DDR-Theater kannten. Als Zuschauer wusste man, das war die eigentliche Aussage, ein Zug um den Mund sagte uns, hier diese Worte, hört hin, hört die Mehrdeutigkeit der Passage, versteht ihr? Ich bin gerührt. Beginne sentimental zu werden, natürlich. Wir schauten damals nach Polen hinüber, Polen war unser kleiner Westen im Osten, die Menschen schienen uns selbstbewusster, unangepasster.

Kritisch sehe ich mir von außen zu. Verlierst du jetzt doch den Verstand? Da fällt mein Blick ins Internet: Dieser zarte, nachdenkliche Song ist die Vereinshymne des aufstrebenden polnischen Fußballclubs Korona Kielce. *Ważne są tylko te dni, których jeszcze nie znamy,* gebrüllt von Tausenden Fans im Stadion. Ich bin nicht allein.

GÜNTER DETRO

Mit der guten Nachricht
wächst das Rettende

Es schüttet
Scheibenwischer schaufeln
rhythmisch Wassermassen
prasseln
trommeln hallend
Wasser wallend
Ungetüme
Gelbschein werfend
schleichend
durchs Gebrodel
fahrend oder treibend?
Aqua-Planen
wabern über Straßen
wie von Geisterhand
gezogen
Spiegel blitzen
blendend
schwitzend sitzen
Hände klammern
Lenkrad
Lederimitat
Augen weit
die Herrschaft

längst verloren
nach vorn gebeugt
entlehnt entrückt
das Haar zu Berge
naht nicht schon
der Untergang?
Panik hat
mich kalt
ergriffen
Wasserrauschen
überall
Smartphoneklingeln
Stimme krächzend
Ja? Ach, du bist's
Mutter ... ona
Was ist?
Was ist?
Corona Testung negativ
Wasser rauschend
wie im Urlaub
Tropfen klopfen
bin geborgen
gute Nachricht
nährt die Rettung
Ortsschild leuchtet
gleich daheim

CHRISTINA MÜLLER

Krise schreibt Geschichte

Bevor das Virus über uns kam, versuchte ich täglich, mit einer Menge Menschen, die man in einen etwas miefigen Raum gestopft hatte, zu kommunizieren. Mein Ziel war, die Dinge, für die ich mich begeisterte, in kleine Häppchen zu teilen, um sie den in den Raum Gestopften einzuflößen. Deren Ziel war, Spaß zu haben. Manchmal deckten sich unsere Ziele, manchmal nicht. Ich bin Lehrerin.

Die Räume, die Anzahl der Schüler und die Methoden des Vermittelns des Lernstoffs stammten aus einer Zeit, in der zu Gehorsam und Unterordnung erzogen wurde.

Diese Zeit war vorbei. Unsere Kinder waren anders. Sie wurden ihr junges Leben lang dazu ermuntert, ihre Meinung zu äußern. Sie wollten ihre Fähigkeiten ausprobieren und anwenden. Sie mussten von klein an Entscheidungen treffen (Töpfchen oder Windel, Papa oder Mama, Schoko- oder Vanilleeis, …) Und sie waren digital unterwegs. Sie waren vertraut mit Spielen und ständiger virtueller Präsenz. Wenn sie die Schule betraten, kamen sie direkt aus dem Dickicht digitaler Vollgestopftheit. Manche von ihnen hatten sich an diesem Tag noch nicht einmal richtig bewegt, weil sie bisher nur auf Bildschirme geguckt hatten.

Diese hinterfragungsfreudigen, meinungsfreien, noch unbewegten Kinder kamen jetzt in einen Raum. Dreißig gleichzeitig. Mit mir.

Ich müsste jedes individuell leiten und beraten.

Ich müsste die ständig unter den Bänken präsenten Smartphones nicht als Feinde betrachten, sondern zum Lernen nutzen.

Aber wie?

Diese Aufgabe brachte mich an den Rand dessen, was man als Burnout bezeichnet. Es ist einfach die Folge des täglich wiederholten Versuchs, etwas Unmögliches zu schaffen.

Dann kam das Virus.

Schulen wurden erst einmal geschlossen. Experten wurden befragt. Und es geschah das Unerhörte: Bei den Entscheidungsträgern entstanden folgende Erkenntnisse:

1. Es sind zu viele Schüler in einem Raum.
2. Wir müssen uns die Digitalität für die Schule nutzbar machen.

Ich hüpfte aus dem Fast-Burnout sofort in die Euphorie des Neuanfangs. Mir war fast wie 1989 zumute. Es bewegt sich etwas in Deutschland! Diese Krise kann uns in einer gewaltigen gemeinsamen Aufgabe zusammenführen!

Als Lehrerin begann ich aufzuatmen, trotz der atmungsunfreundlichen Viren. Als Autorin begann ich mit dem Beschreiben der Lage.

So entstanden folgende Texte.

Text 1

Die Ausgangssituation. Januar 2020.

Alles ist noch in dem Zustand, der an einem deutschen Gymnasium als normal bezeichnet wird. Wir haben fast ein halbes Jahr Unterricht hinter uns und gönnen uns und den Schüler*innen jetzt eine »Projektwoche«. Das bedeutet: Die normale Tretmühle des

Fachunterrichts wird unterbrochen, jede/r Lehrende bietet ein Pro-
jekt an, die Schüler*innen wählen sich ein.

Projekte

Es ist Projektzeit. Wir versuchen, die Buntheit des Lebens,
die sich im Laufe des ersten Halbjahres aus der Schule ge-
schlichen hat, wiederherzustellen. Mit dem Instinkt und der
Erschöpfung der erfahrenen Lehrenden sucht sich jede*r
etwas aus, das uns und den Schüler*innen sonst fehlt: Ent-
spannung. Handarbeit. Bewegung. Selbst etwas herstellen.
Die neuen Medien benutzen. Spielen.

Besonders beliebt ist das Spiel der ausgehenden Zehner
und beginnenden Zwanziger Jahre: Entkommen. Escape. Gemeinsam der Wirklichkeit und den Hindernissen entfliehen.

Leider kann ich an der großen Präsentation des Entkom-
mens nicht teilnehmen; mich drückt ein Virus ins Bett, legt
mich lahm und macht mich sprachlos. Ich kriege ihn nicht
klein; meine Widerstandskräfte reichen nicht mehr. Ich habe
sie in kleinen Portionen aufgebraucht, in zähen Ringkämp-
fen mit Gegnern, die eigentlich keine Gegner sein müss-
ten: Eltern, die für die glanzlosen Leistungen ihrer Kinder
glanzvolle Zensuren einfordern. Schülern, denen die Grund-
lagen des analogen Umgangs miteinander abhandengekommen sind.

Vor allem aber: Schülern, die das, was wir ihnen so zu
bieten haben, nicht interessiert. Die etwas Anderes wollen.

Sie wollen primär nicht stören, die permanenten Störer.
Sie wollen gern spielen. Aber wir lassen sie nicht. Außerdem wollen sie lernen, wie man mit den Mitteln, die man
hat, im Leben weiterkommt. Die Mittel sind Computer und

Smartphones. Sie sind Werkzeuge mit fast magischen Fähigkeiten. Alles Wissen der Welt kann man von ihnen erfahren, in Sekundenschnelle. Man kann sie beherrschen und sie sich zunutze machen. Das muss man lernen.

Man kann auch von ihnen abhängig werden. Dagegen Widerstand zu leisten, muss man auch lernen.

Zum Lernen ist traditionell die Schule da.

Das hierfür zuständige Ministerium, mit einer diffusen Ahnung seiner Zuständigkeit in dieser noch nicht geklärten Angelegenheit, tat das Altbewährte: Es schuf Erlasse. So entstand die absurde Situation, in der wir jetzt unsere Energien in Unschaffbares stecken, wie Tropfen frischen Wassers in einen riesigen, ausgetrockneten Schwamm. Das Unschaffbare ist: Wir Lehrer sollen, ohne dafür in irgendeiner Weise gerüstet zu sein, »Medienkunde« unterrichten. In langen Stunden werden Konzepte geschrieben, deren Ziel es ist, den neuen Verordnungen Genüge zu tun.

Was die Schüler lernen müssen, bekommen sie davon nicht:

Wie man sich gegen die tägliche Flut der Nachrichten schützt, um nicht im Müll zu ersaufen.

Was es für schöne Spiele gibt.

Was die Mechanismen von Hass und anderem Üblen im Netz sind und was man dagegen tun muss.

Was man tun kann, wenn man sich in der virtuellen Welt der grenzenlosen Möglichkeiten verloren hat.

Wie man aus all dem Angebotenen das für sich Wichtige herausholt, und vor allem: wie man alles andere wieder loswird.

Und wir? Unser gründlich ausformuliertes Medienkonzept in der Hand, schauen wir zu, wie die Schüler in atemberaubendem Tempo von Thema zu Thema springen, schneller

und schneller, und bejammern ihre wachsende Oberfläch-
lichkeit, ihren Mangel an Fähigkeiten, die wir für grundle-
gend halten: fließend lesen, richtig schreiben, Texte verstehen,
Menschen in der analogen Welt wahrnehmen.

Die Schüler ihrerseits sind längst woanders. Sie fliegen
durch die digitale Welt, allein und ohne Anleitung. Sie treffen
ihre Freunde virtuell. Sie lesen und schreiben endlos Texte.

Wir wanken hinterher, mit unseren zentnerschweren Pa-
pierbüchern drücken wir uns und sie zu Boden und haben
das Gefühl, wir leisten Schwerstarbeit, weil wir nicht mehr
mit den Schülern arbeiten, sondern gegen sie.

Natürlich ist das alles überspitzt. Immer noch gibt es sie:
die Stunden, in denen es wie von selbst läuft, in denen der
Funke überspringt und man mit dem Flow fließt statt dagegen. Aber sie sind seltener geworden …

Außer in der Projektwoche.

Als Pädagogin gehört es sich, etwas Positives zum Schluss
zu sagen. Mir fallen da sogar zwei Sachen ein:

1. Uns wurde die Fähigkeit zur Veränderung gegeben.

2. Wir haben den Schülern (trotz aller digitaler Hinter-
wäldlerischkeit) etwas voraus. Wir haben Zugang zu Welten
und Werken, die den Nur-Digitalen verschlossen sind. Wenn
es in nicht so ferner Zeit so weit ist und die analoge Gegen-
revolution zur digitalen Revolution aufflammt, können wir
mit Insiderwissen brillieren (z.B. wie man ein Fahrrad repa-
riert, einen Pullover strickt oder Mensch-ärgere-dich-nicht
spielt). Dann sind wir wieder voll im Trend.

Text 2:

Alles ist auf einmal anders. März 2020

Versuch, etwas zu verstehen
oder wenigstens zu beschreiben

Um diese Krise, die sich so komplex gibt, aber es möglicherweise gar nicht ist, in meinem Kopf klarzubekommen, verwende ich meine Schubladentechnik. Hier sind meine Schubladen:

Da wären zum Ersten die Entschleuniger und Innehalter. Entschleunigt und haltet inne! rufen sie, und: Nutzt die Zeit, um Wichtiges zu tun! Ruht und geht in euch! Endlich müsst ihr nicht mehr ständig herumrennen und beschäftigt tun! Noch besser: Ihr *dürft* es nicht mehr! Ihr werdet zum Entschleunigen verdonnert!

Eine mit mir vernetzte entschleunigte Person schickt täglich Hunderte Fotos, Videos und Sprüche in soziale Netzwerke, die illustrieren, wie sie entschleunigt und innehält.

Zum zweiten: die Veränderer. Sie finden in dieser Krise eine Menge von üblen Gewohnheiten, Gegebenheiten und Gefügen, die ins Wanken geraten sind: Die Weltordnung. Das Gegeneinander von Arm und Reich. Die Idee des wirtschaftlichen Wachstums als Grundlage der Gesellschaft. Wenn man das jetzt ändern könnte! Jetzt, wo es wackelt, wie ein schiefes, hässliches Gebäude aus Bauklötzern! Man könnte ein neues, herrliches Haus daraus bauen! Nur welchen Baustein nehmen wir heraus? Und was passiert dann?

Dann gibt es die Hamsterer. Diese Gruppe ist eine virtuelle Größe, denn es gibt sie nicht. Niemand hamstert. Ich will nicht das KI-Wort verwenden, es ist schon so oft verwendet worden. Aber ich will hier nur zu bedenken geben: Wenn man all das weiße Mehl isst, das man eingekauft hat, braucht man auch kein Kl. mehr.

Zum vierten gibt es die Systemrelevanten. Einige davon wissen davon erst seit kurzer Zeit, und sie sitzen mit einem neuen Selbstbewusstsein hinter ihren Scheiben und könnten über Systemrelevanz nachdenken, wenn sie Zeit dafür hätten.

Ah, ja, fünftens, die Meckerer. Sie haben schon lange gewusst, was los ist. Man hat es ja kommen sehen, als es in China losging. Aber natürlich haben die Regierungen nichts gemacht. Die Chinesen. Die WHO. Die Flüchtlinge. Die bringen uns das Virus herein. Die eigene Regierung. Eine starke Regierung hätte all dem Einhalt geboten, als es noch möglich war. Jetzt ist es zu spät. Und sie, die Meckerer, müssen es wieder ausbaden.

Eine erstarkende Gruppe ist, sechstens, die der religiösen Eiferer. Sie haben die Wackligkeit der Situation erkannt und sich auf den Weg begeben, um Menschen für ihren Glauben zu gewinnen, jetzt auch virtuell. An einem einzigen Tag habe ich von vier verschiedenen Seiten dringliche Aufforderungen erhalten, endlich die WAHRHEIT zu erkennen. Je nach Toleranzgrad des jeweiligen Religionsgebildes winkt man mir mit Erlösung oder droht mit Verdammnis, gern auch mit beidem.

Und dann sind da, siebtens, die Mündigen Kritischen Bürger. Sie trauen den großen Medien nicht, denn alles, was groß ist, unterliegt Einflüssen von denen, die es groß gemacht haben. Sie suchen sich Informationen in anderen Quellen, die sie alternativ nennen. Diese Quellen bieten Bedenkenswertes bis Hanebüchenes. Die MKBs nutzen ihre Intelligenz und ihr Vorwissen, um Bedenkenswertes von Hanebüchenem zu unterscheiden. Intelligenz und Vorwissen sind sehr unterschiedlich.

Schlimm hat es, wie immer, die Armen getroffen. Flüchtlinge, Hilfsarbeiter, Wanderarbeiter. Alle, die nicht an Zukunft denken können, weil sie die Gegenwart erst einmal überleben müssen. Sie brauchen Hilfe, aber von wem? Na, von uns! Den Reichen! Aber wie?

Gibt es eigentlich jemanden, neuntens, der von dem Ganzen profitiert? Ja! Kontaktscheue in sozialen Berufen. Lehrer*innen kurz vorm Burnout. Internetserviceproviderinhaber! Onlinehandelbesitzer! Und: Spekulanten, die anderer Leute Unternehmen hin und her schieben, als wären es Häppchen eines blutigen Steaks auf einem Teller mit Designerfood.

Dann sind da noch die Schweden. Zehntens. Die sitzen draußen in der Sonne und essen ihre Bollars zusammen mit ihren Freunden, von denen sie auch nicht weiter weg rücken als sonst.

Und: Elftens. Die Covid-19-Erkrankten. Von denen hört und liest man sehr wenig (außer sie sind Prime Minister). Warum eigentlich?

Da eine direkte Kommunikation nicht mehr stattfinden kann, wird das Netz genutzt, um sich zu den genannten Gruppen zusammenzufinden. Dabei ist ein jeder zunächst Zielperson jeder Gruppe, was einen unglaublichen Überschwapp an Mitteilungen zur Folge hat.

Mich selbst würde ich zu den Veränderern rechnen, Untergruppe Möchtegernveränderer. (Wobei ich natürlich Tendenzen zu anderen Gruppen habe.) Ich würde mir gern den Baustein Schule herausnehmen und die Krise nutzen, um Barmherzigkeit für Schüler- und Lehrer*innen, kleinere Klassen und Lernen statt Stopfen einzuführen. Global würde ich gern die Anhäufung von Kapital verhindern, das Immermehr als Triebkraft der Gesellschaft abschaffen und eine Ökodiktatur einrichten.

Jetzt ist die Zeit! Los geht's!

Hamsterer, MKBs, religiöse Eiferer, Systemrelevante, Entschleuniger und Innehalter, Covid-19-Erkrankte, Profitierer, Arme, Schweden, Meckerer aller Länder, vereinigt euch!

Text 3:

Die neue Welle schlägt zu. November 2020. Ein Blitzlicht

Bildungserlebnis in der Schulcloud

Für heute hatte ich zwei Online-Stunden minutiös geplant. Die erste (in der Zehnten) verbrachte ich damit, abwechselnd zu versuchen, in die Schulcloud zu kommen und mir einen Zoom Account zuzulegen, als datenschutztechnisch fragwürdige Alternative zur Schulcloud. Zwischendurch gab ich den bildungshungrigen Schülern über einen anderen datenschutztechnisch fragwürdigen Kanal Teile meiner Stunde durch, die sich halbwegs als selbstständige Aufgabe eigneten.

Als ich den Account fertig hatte, war die Stunde fast um und die Cloud hatte mich hineingelassen. Die Schüler waren weg, ein letzter betrat den verwaisten Konferenzraum, erblickte mich und floh. Er hatte wohl die Zeit verschlafen. Ich schloss den Raum.

Die zweite Videokonferenz war den hochmotivierten Fünftklässlern gewidmet. Als Erstes öffntete ich ihnen probehalber die interaktive Tafel.

CHRISTINA MÜLLER

Das war der letzte Befehl, den die Schulcloud von mir noch akzeptierte. Von da an handelte sie selbstständig. Weder hörten oder sahen mich die Schüler, noch konnte ich die Tafel wieder schließen oder die Konferenz beenden. Selbst als ich die Schulcloud gewaltsam geschlossen hatte, drangen die fröhlichen Stimmen der Fünftklässler geistergleich aus dem schwarzen Bildschirm.

Eigentlich wollte ich wegrennen, aber ich bin ja die Lehrerin! Ich loggte mich erneut ein, das dauerte ein wenig. Drinnen fand ich die Schüler mit unverminderter Freude damit beschäftigt, die interaktive Tafel großflächig vollzukrakeln. Sogar schabende Geräusche waren zu hören. Auch einige kopfschüttelnde Eltern waren jetzt da, sie guckten ratlos in die Kameras. Mich hörte niemand. Ich schrie einen verzweifelten Gruß ins Mikrofon. Diesmal war ich es, die floh.

Text 4:

Angekommen. Und jetzt? Januar 2021

Lernen im Lockdown

Das Netz ist gerissen. Die Fische, gedacht für feine Fischstäbchen, tummeln sich im Meer. Sie schwimmen chaotisch herum, wissen nicht, wo es hingeht, was sie mit ihrer Kraft anfangen sollen.

Mit einer riesigen Kraftanstrengung versuchen wir, die Fetzen des Netzes zusammenzusammeln, und wer einen zu fassen bekommt, der fängt ein paar Fischlein. Aber das ganze Netz lässt sich nicht mehr zusammenflicken, es treibt im Meer. Die Fische schwimmen drumherum und gucken sich interessiert die Netzfetzen an. Und je mehr wir zu flicken versuchen, desto mehr Fetzen halten wir in den Händen.

Unsere Sorge ist: Wie können wir Stoff rüberbekommen zu den Schülern? Und: Wie können wir ihn wieder abfragen? So wichtig ist diese Frage, dass wir die Zwölften quasi für systemrelevant erklären und sie samt ihren potenziellen Viren in die Schulen lassen, damit das Abitur-Abfragesystem, dieser große Fetzen unseres Netzes, noch intakt bleiben kann.

Warum sind die Prüfungen so wichtig?

Könnten wir die Schüler nicht stattdessen fragen, was sie ohne uns in dieser Zeit gelernt haben?

Ich bin ja selbst eine dieser Fischer*innen, halte ein erbärmliches Stückchen Netz in der Hand und frage mich, was ich damit jetzt anfangen soll. In der letzten Woche habe ich mit großem Enthusiasmus und Arbeitsaufwand Online-Stunden gehalten. Um eine solche Stunde zu halten oder an ihr teilzunehmen, muss man zunächst in die Schulcloud gelangen. Die Schulcloud stelle ich mit vor als eine Wolke, in der sich Schüler, Lehrer und Stoff herumtummeln und in geordneter Weise miteinander interagieren sollen. Da es Winter ist, friert die Schulcloud immer mal ein. Dann bewegt sich darin nicht mehr alles. Was sich noch bewegt und was nicht, hängt von komplizierten informationstechnologischen Gesetzen ab, die noch unerforscht sind.

Da die Cloud ein besonderer Raum ist, kann man ihn auch nicht einfach so betreten, sondern man muss durch ein Portal gehen, das Thüringer Schulportal. Dieses ist einmal dafür gebaut worden, ein gesittetes Publikum von Bildungsschaffenden durch seinen gotischen Spitzbogen zu geleiten, eine Aufgabe, die es mit der Würde eines großzügig gebauten Eingangs zur vollsten Zufriedenheit gemeistert hat.

CHRISTINA MÜLLER

Nun hat ein pfiffiger Cloud-Konstrukteur die Cloud hinter diesem Portal platziert. In ungestümen Clustern stürmen die Lernenden auf das Tor zu. Wer einmal eine Schultür gesehen hat, durch die nach dem Pausenklingeln alle Schüler gleichzeitig hineinwollen, weiß, was ich meine.

Wem es trotz der Komplikationen, Rangeleien und Rausschmisse am Schulportal gelungen ist, hindurchzukommen, kann sich jetzt auf die Cloud-interne Videokonferenz namens Big Blue Button freuen. Wer »button« buchstabieren und in Aussprache und Schreibung von »bottom« unterscheiden kann, hat das Lernziel erreicht. Mehr ist in einer Videokonferenz nicht zu schaffen.

Bei BBB heißt es zunächst vor allem: drinbleiben. Des Weiteren sollte man seine Stunde so vorbereitet haben, dass man sie zur Not ohne Tafel, ohne schriftliche Notizen, ohne Kamera oder ohne Mikrofon halten kann. Denn eins dieser Features fällt fast immer aus. Welches, weiß man nicht. Man muss sich einfach vielseitig vorbereiten. Und so gelassen bleiben wie die Schüler. Die haben immer eine Alternativbeschäftigung parat; hinter ihren schwarzen Kästchen nutzen sie die Zeit, heimlich Dinge fürs Leben zu lernen.

Zeigen wir Phantasie, so wie sie. Wagen wir Neues. Halten wir nicht die alten Fetzen des Fischernetzes fest. Wir können jetzt den Fischen beim Schwimmen zusehen. Wenn die Kameras funktionieren.

Und dann können wir uns etwas Neues überlegen.

III

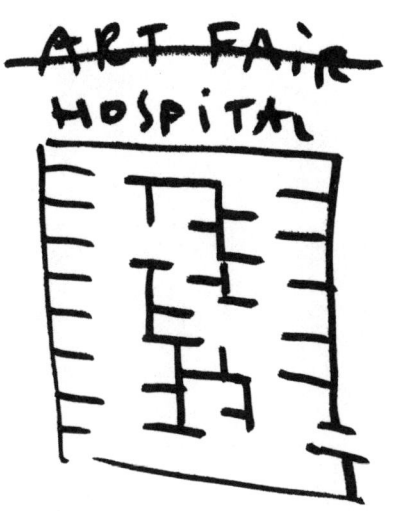

BERND WATZKA

Sandland
Leben nach dem Klimakollaps

FLORIN   CHRIS   JAMIE

1.

*Nach dem Klimakollaps. Nachmittagshitze. Die
Köpfe zweier Eingesunkener tauchen im Sand auf.
Die beiden winden sich bis zur Brust aus ihren Lö-
chern, die zwei Meter voneinander entfernt sind.*

SONG: »Mr. Sandman« – The Chordettes

                              Der Abstand passt.
Sonst haben Sie keine Probleme?

                              Ich will mir nicht auch
                              einen Virus einfangen.
                              Mir reicht die Hitze.
                              (Pause)
Eine dritte Figur mit Hut taucht im Sand auf.

                              Sie sind spät dran,
                              es hat längst angefangen.

Hat mir keiner gesagt.
Mich lässt man dumm sterben.

Die drei schauen sich plötzlich um, als hätten sie
ein Geräusch gehört. Langes, betretenes Schweigen.
Chris gönnt sich einen Schluck Schnaps. Jamie fuch-
telt plötzlich wild mit den Händen herum. Sieht aus
wie ein Anfall, doch er wehrt nur Mücken ab.

Jetzt seid ihr an der Reihe, was?
Euer großer Auftritt
auf der Bühne der Evolution.

Ist das die Buschmücke?

Weiß man erst hinterher,
wenn einen der Frost schüttelt.

Ich hab was dabei.
(holt Insektenspray hervor,
wirft es Jamie zu)

Ich mach euch kalt,
auch bei 39 Grad.
(sprüht mit Dose herum)
Ohne Treibhausgase!

Die Viecher kriegt man nicht mehr los.

Plötzlich verschwinden die Insekten. Alle drei spit-
zen die Ohren, lauschen in die beginnende Nacht
hinein. Deutlich hörbares Hyänengeheul.

Was es auch ist, es kommt näher.

Freundlich klingt das nicht.
(lauscht)

Das ist eine von denen.

Also stimmt es:
Denen wurde unten zu heiß.

> Die machen sich's einfach:
> Ab in den Norden.
> Anständige tun das nicht.
> Anständige bleiben,
> so wie ich.
> Ich biete der Gefahr die Stirn.

Das ist das Einzige,
was Sie zu bieten haben.

> *Erneutes Hyänengeheul, diesmal bereits sehr nahe.*

> Unser Glück ist:
> Die greifen erst bei Anbruch
> der Dämmerung an.

> Unser Pech ist:
> Sie bricht gerade an,
> die Dämmerung.

Mich kriegen die nicht.

> *Florin stopft sich Sand in den Mund, um sich zu
> ersticken.*

Das ist ein politisches Statement!
(Pause)
Was sind Sie für Ignoranten!
Ich würde im Boden versinken,
wenn ich nicht schon drin wäre.
(schreit) Ich kann Sie nur retten,
wenn wir gemeinsame Sache machen!

> Ist was Wahres dran, so gesehen.

> Message angekommen.
> Ich werde nicht im Weg stehen.
> Also, ich … bin dabei.

Dann ist das beschlossen.
Wir sind an der Reihe.

Ein Sandsturm tobt durchs Theater.
SONG: »Mr. Sandman« von The Chordettes

2.

Die drei Figuren sind bis zur Schulter im Sand ein-
gesunken. Durst, Hunger und nächtliche Kälte ha-
ben ihnen stark zugesetzt. Flackernde Lampen im
Hintergrund simulieren Brände.

Machen wir uns bemerkbar!

> So wie in den Filmen? Zu Hilfe!

Psst! Sie scheuchen sie auf!

> Bis die was checken,
> sind wir über alle Dünen.
> *(Pause)*
> Was empfehlen Sie?

Beten. Vielleicht hilft's diesmal.

Es muss zusammenfließen,
was in uns steckt –
zu einem gigantischen Schrei,
einem Urschrei.
Lauter als der Sturm,

lauter als das Jaulen,
lauter als Hoffnungslosigkeit.

> Das kostet Kraft.

Nichts tun kostet das Leben!
Auf drei!
Eins …, zwei …

> Was, wenn nur einer
> mitmacht und die anderen
> stumm bleiben wie Flöhe?

> Dann ist der, der schreit,
> der Dumme.
> Der sich lächerlich macht.

> Und wenn keiner
> den Mund aufmacht?
> Wenn sich jeder verlässt?
> *(lange Pause)*

Versuchen wir was anderes.
(hält Jamie ein Ende eines Holzstocks hin)
Los, ziehen Sie mich raus!

> Und wenn Sie draußen sind?

Dann zieh ich Sie raus.
Danach ziehen wir
(deutet auf Chris)
ihn raus – und jeder
geht seinen Weg.

> Über die Reihenfolge
> müssen wir reden.

Ich lass Ihnen den Vortritt,
Sie dürfen als Erster ziehen.

Ich bin nicht bescheuert.
Wer garantiert, dass Sie
nicht sofort abhauen –
und uns stecken lassen
wie … einen Stock?

Hand drauf.

Florin will Jamie die Hand reichen, geht sich knapp
nicht aus.

Ohne Handschlag geht nichts!
Woher weiß ich,
was in Ihrem Kopf vorgeht?

Vielleicht ziehen Sie uns
mit dem Stock eins drüber,
wenn Sie frei sind.

Blödsinn, dann hätte ich
was anderes zu tun.

Sehen Sie.

Ich bin schon aus
ganz anderen Löchern
rausgekommen.

Jamie versucht vergeblich, sich rauszuziehen.

Sie wollen's nicht wahrhaben, was?

Kompromiss: Sie ziehen mich
20 Zentimeter raus,
danach zieh ich Sie
20 Zentimeter raus
und so weiter und so weiter –
bis wir draußen sind.

So machen wir's!
Nur: Wir fangen mit
meinen 20 Zentimetern an.

Was wir brauchen,
ist ein Vertrag.

Okay. Aber wer
überwacht die Einhaltung?
Mit welchen Mitteln?
Nach welchen Gesetzen?
(lange Pause)

(lauscht in die Stille)
Jetzt wär der Moment,
wo es im Regenwald raschelt
und King Kong auftaucht.

Gibt's nicht.

King Kong?

Regenwald.

Sandsturm wird lauter und lauter.

(variiert Yeats' »Wiederkunft«,
schreit an gegen den Sturm)
Die Welt zerfällt vor Hitze,
die Mitte hält nicht mehr.
Die Wiederkunft!
Hundert Millionen Jahre
steinerner Schlaf gehen zu Ende.
Der Alptraum wacht über uns
und verwandelt die Erde
in einen Feuerball.

Solange meine Firma
nicht untergeht.

Mir ist schlecht.
(taucht ab, kotzt) Ahhh.

Der Sandsturm erreicht seinen Höhepunkt, tobt als
Orkan über die Bühne. Die drei Verschütteten ver-
suchen, ihre Gesichter zu schützen – mit Händen,
Tüchern, Jacken, Mund-Nasen-Schutzmasken usw.

Sagen Sie was.
Die Öl-Lobby zahlt
kein Schweigegeld mehr.

Schauen Sie nicht so grimmig.
Sie sehen aus wie einer von
»Fridays For Future«, damals,
als die noch unbewaffnet waren.

Hyänen-Schreie rücken näher.

Wir können sie
nicht abhalten,
also lassen Sie uns
einen Gipfel abhalten.

Ratlose Gesichter von Florin und Chris.

Feststellung
der Beschlussfähigkeit.
Genehmigung der Tagesordnung.
Berichte, Vorträge, Referate, Bildung
von Fachkommissionen,
Workshops, Diskussion,
Allfälliges, Abschlusserklärung,
Verabschiedung …

… Kondolierung.
(Pause)

FLORIN   CHRIS   JAMIE

Wir stehen vor der
größten Herausforderung
der Menschheit.

                  Das haben sie vor der ersten
                  Mondlandung auch gesagt.

Hyänen-Schrei in unmittelbarer Nähe.

                  Sprechen Sie's aus:
                  Wir werden sterben.

        Nicht alle.

                  Und meine Firma?

Die drei Verschütteten »legen« sich schlafen.
Hyänen-Jaulen

3.

Die drei Figuren sind bis zum Hals im Sand ein-
gesunken. Finstere Nacht.

        (variiert Johannes-Offenbarung)
Alles schmilzt: Steine, Asbest, Hochöfen.
Die Sonne hat ihre Strahlen verloren
und verglüht unscheinbar
als roter Feuerball. Was lebt,
flüchtet in Erdlöcher. Die Temperatur steigt,
Feuer wird auf die Erde geschleudert,
und ein Drittel der Erde verbrennt.
Eisberge stürzen ins dampfende Meer,

ein Drittel der Meeresgeschöpfe stirbt.
Menschen siechen dahin
vom Milzbrand – den holen sie sich
von Kadavern aus getauten Frostböden.
Aus einem Schacht, tiefer als Kohlengruben,
quillt Rauch. Göttliches Fracking.
Ein Schwarm Heuschrecken steigt auf,
Mutanten, die Hitze lässt sie kalt.
Wer trägt das CO_2-Siegel auf der Stirne?
Die Antarktis brennt.
(Pause)
Noch immer wenden sich Menschen
nicht ab von Maschinen. Sie füttern sie,
ihre Götzen aus Stahl, Eisen und Seltenen Erden.
Mit Prometheus' Fackel haben wir
die Finsternis vertrieben und verbrannt,
was Kraft schenkte.
Jetzt verlangt die Erde ihre Gaben zurück.

Das ist alles nicht gesichert.
Hundstage gab's immer,
Heuschrecken auch.
Und wenn ein Eisberg
ins Wasser fällt,
regt mich das auf
wie ein Hitzerekord
in der Sahara.
Das geht vorbei wie Covid-39.
(Pause)

Jamie erblickt Hyänen hinter Chris.

Spielen wir »Ich sehe was,
was du nicht siehst?«

Warum auf einmal?

Wär gut für Sie.
Glauben Sie mir.

Haben wir das
nicht hinter uns?

Es gibt eine neue Variante.
Schließen Sie die Augen. Schnell!

Chris, Florin und Jamie schließen die Augen.

Ich hab was gespürt
auf der Wange. Was Feuchtes.
(angeekelt) Waren *Sie* das?

Wer – ich?
Gehört das zum Spiel?

Hören Sie auf. Ich mag's nicht,
wenn mich jemand abschleckt!

Ich bin zwei Meter entfernt
und kein Chamäleon.
Außerdem gibt's geilere Sachen,
als Ihnen die Wange abzulecken.

(wischt sich die feuchte Wange ab)
Schon wieder! Jetzt reicht's,
genug gescherzt!
Was ist das? Ich spüre …
Fell – und Zähne!
Darf ich die Augen aufmachen?

*Der Angriff der Hyänen startet mit ohrenbetäuben-
dem Geschrei. Bisse. Chris schreit auf, die Tiere zer-
fetzen seinen Körper bis zum Hals, der Rumpf wird
abgebissen und davongeschleppt. Stille. Von Chris*

*schaut nur noch der Kopf aus dem Sand heraus,
während Florin und Jamie noch immer die Augen
geschlossen haben.*

Geht's schon wieder?
(erblickt Chris' Kopf ohne Rumpf)
Oh my god!

Ich hab's gesagt:
Die geben sich nicht
mit dem kleinen
Finger zufrieden.

(beugt sich zu Chris)
Das wird schon wieder.
Was fehlt, nähen wir an.

Was wollen Sie annähen?
Es ist nur mein Kopf übrig.

*Jamie versucht, mit dem Holzstock Chris' Kopf zu
stabilisieren.*

Halt! Lassen Sie's gut sein.
(befreit zum Himmel)
Ich geh nach Hause.

(zeigt um sich)
Hier ist Ihr Zuhause.

Das war's.
Ich gehe mit einem lachenden
und einem weinenden Auge.
Das Lachende zwinkert
versöhnlich: »Meine Zeit
im Loch ist vorbei«.

Und das weinende?

(denkt angestrengt nach)
Ich …, ich hab's vergessen.
(sterbend)
Ich möchte noch was loswerden.
(flüstert mit letzter Kraft)
Mein Name ist Chris.

     Alles klar. Hi, Chris.

Hi Chris.

      (stellt sich vor)
      Jamie.

Florin.

  (nimmt Abschied)
  Wir sehen uns.

4.

*Jamie und Florin sind bis zum Kinn im Sand ein-
gesunken. Früher Morgen, die Sonne geht auf. Beide
Figuren sind schwer gezeichnet von Durst, Sonnen-
stich, Flohbissen und nächtlicher Kälte. Von Chris
ist nur noch der Hut zu sehen.*

    Am Anfang dachte ich:
    Die Sache gibt's nicht,
   ist eine Wichtigtuerei von
    zu kurz Gekommenen.
    Und als ich akzeptierte,
  dass es sie gab, dass sie stattfand,
      dachte ich:
   Wir haben damit nichts zu tun,

es ist ein Problem der Sonne.
Als mir klar wurde,
dass ich auch dabei irrte,
dass wir die Verursacher waren,
redete ich die Sache klein:
»Alles nicht so schlimm,
das ist sogar gut
fürs Pflanzenwachstum«.
Das stimmte auch nicht,
also sagte ich mir
und allen, die's hören wollten:
»Es stimmt, aber wir
können nichts dagegen tun.«
Wieder falsch,
damals wär's noch gegangen.
Dann brachte ich das Geld
ins Spiel, sagte es gebe
dringlichere Investitionen,
Stichwort Covid 39.
Ich dachte, ich wär gescheiter,
dabei bin ich gescheitert.
(Pause)

Ich hab nie gedacht,
dass das so banal abläuft,
keine Meteoriten,
keine kosmischen Explosionen,
gar nichts.
(Pause)
Wir stecken nur fest –
wie vergessene Mitesser
im Gesicht der Evolution.

> Oder wie ein Fötus
> im irdischen Geburtskanal.
> Wir waren noch nicht fertig,
> noch nicht reif genug.
> Der Prototyp hat versagt.

Wir sollten nicht
so schwere Gedanken denken,
sonst sinken wir noch tiefer
in den Sand.
(Pause)

> Ich war Tennisprofi. Landesliga.
> Hab auf Sand fast immer gewonnen.
> Das letzte Match verlier ich.

Jamie zerstört seine Sandburg. Auf der Bühne wird
es heller. Jamie und Florin haben sich mit der Situa-
tion abgefunden. Sie versuchen, sich wohnlich ein-
zurichten.

Still ist es und friedlich.
Kein Jaulen in der Luft,
kein Summen.
Und der Sturm hat sich
schlafen gelegt.

> … und die finstren Gedanken verweht.

Diese Ruhe.
Da kriegt man den Kopf frei,
kann Dinge ordnen, neu bewerten.

> Wozu machten wir uns Stress?
> Rettungskonzepte für den
> »globalen Kraftakt«?
> So, wie es ist, bleibt es.

Ein paar Grad kommen noch dazu,
aber prinzipiell war's das,
würde ich sagen.
Alles nimmt seinen Lauf,
reguliert sich von selbst.
Eine neue Ordnung.

Man darf nicht undankbar sein.
So schlecht geht's uns nicht.
Ein Stündchen Schatten
am Nachmittag – okay,
dazu würde ich nicht nein sagen,
aber sonst –.

Es lässt sich leben,
besser als gedacht.
Und meine Firma
geht auch ohne mein Zutun
das Bachbett runter.
Genießen wir die Freiheit.

*Jamie zieht umständlich seine Schuhe aus, holt sie
aus dem Loch und inspiziert die Schuhe.*

Wer braucht noch Schuhe?

Es ist wie im Paradies.
(schaut sich um)
Wir müssen uns
nicht einmal bewegen, um
in die Ferne zu schweifen.

Der Ausblick ist großartig.
Man sieht bis zu den Bergen,
bis zu neuen Wachtürmen.
(Pause)

(schaut sich um)
Die Gegend ist karg, aber …
sie hat was.

Wüstencharme.

Zugegeben, wir sind etwas
weit vom Schuss.
Die Infrastruktur ist suboptimal.

Aber dafür bleibt man gesund.
Jede Tröpfcheninfektion
kann brausen gehen.
(Pause)

Ich hab gehört,
die Farbe des Sandes
wirkt beruhigend.

Glaub ich gerne.
(Pause, blickt um sich)
Ein bisschen Ordnung
müsste man machen.

*Florin gruppiert völlig sinnlos den Skistock und ein
paar Sandhäufchen rund ums eigene Loch um. Betrachtet danach stolz die Umschichtungen.*

Schon besser.

So geht Überleben.
(Daumen hoch)
Uns fehlt's an nichts.

Nicht zu vergessen
das Mikroklima im Loch.
Optimale Luftfeuchtigkeit,
angenehme Kühle.

Hinzu kommt
die Wärmedämmung
mit natürlicher
Luftzirkulation.
Wie früher bei den Beduinen.

Ein echtes Passivloch.

Gibt's dafür Förderungen?

Ich bleib auch ohne Geld.
(Pause)
Stehen wir das durch?

Ja. Wir haben Rückgrat.

Dann machen wir das.

In jedem Fall.
(Pause)
Bei der Ernährung
ist noch Luft nach oben.

Haben Flöhe Proteine?

Tonnenweise.
(Pause)

Wir haben so viele Möglichkeiten.

(nickt)
Nur was spielen mag ich nicht –
wäre schade um die Zeit.
Wollen wir »Du« sagen, Florin?

Gerne, Jamie.

> *Die beiden lächeln sich verlegen an. Sie wissen nicht,*
> *was sie sagen sollen.*

Komische Zeiten, was?
Wollen wir die Wächter

mit ihren Ferngläsern
ein bisschen schockieren?

                                        Wie denn?

Ich meine, Sie und ich,
also du und ich, wir könnten –.
(zwinkert Jamie zu)

                                    Hier im Sand?

Wo sonst? Es ist warm,
die Sonne scheint …
wie früher beim Strandurlaub.

                        Heute muss keiner mehr
                            zum Strand fahren.
                    Der Strand ist zu uns gekommen,
                            nur ohne Meer.

Also?

                        Ich hab seit einer Ewigkeit
                            nicht mehr …

Dann ist es höchste Zeit.

                        Und die Ansteckungsgefahr?
                    Willst du einen Cluster gründen?

Lieber eine Familie!
Los, wir machen
unseren eigenen kleinen
sexy Familien-Cluster.

                            Warum willst du
                        gerade mit mir –?

Weil du der Einzige bist,
der in Frage kommt.
Komm, gib dir einen Stoß.

> Du willst hier mit mir …
> coram publico?

Coram? Ich heiß Florin.

> Wie kommen wir einander näher?
> Physisch?
> Ich sag's gleich, ich steh nicht
> auf Cybersex.

Im Kamasutra
gab's schwierigere
Übungen.

> Okay …

Sie blicken sich lüstern an, strecken beide die rech-te Hand aus und berühren sich eine Sekunde mit den Fingerspitzen. Bei der Berührung stöhnen beide kurz auf.

> Bist du –?

Geht so.
Ein Kribbeln war da,
mehr nicht.

> Bei mir dasselbe.

Dann sind wir gleichzeitig
nicht gekommen.
Ist ein Anfang!
(Pause)

5.

Wir bleiben zusammen, okay?
Keiner haut ab, einfach so.

Versprochen.
(Pause)
Ich find dich mittlerweile nett.
Sehr nett.

Das Kompliment
geb ich zurück.

Alles Trennende ist
Vergangenheit.

Wir blicken nach vorne.
Wollen wir … gemeinsam …
was kochen?
Oberhitze gibt's genug.

Hier? Auswärts schmeckt's oft
nicht so gut wie daheim.

Wir sind fast daheim!
(Pause)

Was schwebt dir vor?

Wir können was backen.
Kuchen.

Was für einen? Sag jetzt bitte nicht
Sandkuchen.

Sandkuchen.
Wir können auch nichts kochen.
Ich hab was dabei.
Eiserne Reserve.
(packt Schoko-Schnitten aus)

Ich bin auf Diät, aber – scheiß drauf.

> *Die beiden naschen einträchtig und genussvoll die Schnitten. Viel Zeit vergeht bei dem gemeinsamen Mahl.*

Köstlich.

Und wie.
Von allen Menschen hab ich
dich am liebsten.

So toll bin ich auch wieder nicht.

Das ist ja das Schlimme.

> *Rettungs-Drohne taucht auf, die beiden nehmen keine Notiz davon, ärgern sich aber über den Rotorenlärm und halten sich die Ohren zu.*

Ich hab Angst,
dass ich dich verliere.

Ich werd' nicht weggehen, egal was passiert.
Wo aber Gefahr ist, wächst das Rettende auch.
(Pause)

Willst du mich … heiraten?

(lacht schallend) Bitte?

Willst du mich heiraten?

Wann? Und wo?

Hier, auf der Stelle.
Ich wollte das erleben,
bevor –.

Und der Pfarrer?
Die Ringe? Kirchenglocken?

Drauf geschissen.

Und der Kuss?

                                        Kriegen wir hin.

Ich weiß nicht, ob ich
bereit bin für diesen Schritt.
Man gibt viele Freiheiten auf.

                                        Bist du einsam?

Jetzt nicht mehr.

                        Schauen wir, dass es bleibt,
                                        wie es ist.
                        Dass es nicht schlimmer wird.

Behalten wir, was übrig ist.
Bewahren wir es wie einen Schatz.
Das ist alles, was wir tun können.
(Pause)
Ich bin froh, dass du da bist, Jamie.
Dass *wir* da sind. In unserer Welt.

                                Es ist die beste
                            der Möglichkeiten.
                        Mehr ist im Moment nicht drin.

    SONG: »Mr. Sandman« – The Chordettes

                        ENDE

IV

CAROLINA SCHUTTI

Wunderbar, sagt die Mutter.
Wunderbar, sagen wir.

I

Unsere Mutter ist die Einzige, die Hut trägt und Sonnenbrille. Einen schwarzen Hut mit breitem, wippendem Rand. Auf hohen Schuhen stöckelt sie durch das Dorf und wir müssen ihr folgen, Hand in Hand, in unseren rosaroten Kleidchen. Annas Kleid ist zu kurz und meines zu weit, beide haben Größe 136. Wenn die Mutter durch das Dorf geht, tritt sie mit Absatz und Ballen gleichzeitig auf, so, wie es Königinnen tun, wir stampfen ihr in unseren Sandalen hinterher. Unter unseren Zehennägeln sammelt sich der Dreck, doch unsere Gesichter glänzen im Abendlicht und unsere Köpfe ziert eine Schleife aus Satin. Die Einkaufstasche schlägt bei jedem Schritt an Mutters Knie und wir bemühen uns, ein Kichern zu unterdrücken, denn wenn wir kichern, fällt der Spielplatz aus.

Die Blicke der Leute streifen unsere Schultern wie Wind und wir heben stolz unser Kinn, wie es uns die Mutter gelehrt hat.

Unser Dorf ist wunderschön. Wir haben gestutzte Hecken, blühende Beete, blinkende Fenster. Wertvolle Porzellanfiguren auf den Treppenstufen, prächtige Rabatten und metallene Geräteschuppen. Zählt man die Schätze des Dorfes laut auf, ergibt sich eine herrliche Litanei.

Wir sprechen gemeinsam:
Pergolen
helle Holzlasuren
Kletterrosen
Efeuranken
Bleiglasfenster
das gestockte Blut des heiligen Irgendwer

Nachts sind wir die kleinen Mäuse, die nicht schlafen wollen. Wir tragen dunkle Jacken und schleichen leise die Hauptstraße entlang. Meiden die Lichter, die aus einzelnen Fenstern auf den schmalen Gehsteig fallen, und erschrecken beim Klang der Rasensprenkler, die unvermittelt Wasser versprühen.

Unser Weg führt an der Kirche vorbei auf den Waldrand zu. Zwei Laternen leuchten in orangen Tönen, und heute leuchtet auch der Mond. Wir haben zuhause ausgelost, wer zuerst schaukeln darf, damit unser Streit nicht die Stille zerschneidet.

Wer nicht schaukelt, gräbt tiefe Löcher in den Sand und bedeckt sie mit Zweigen.

2

Daheim schlurft Mutter barfuß über den grauen Teppich, der schon von allem Anfang an in unserer Wohnung ausgelegt war und den wir manchmal heimlich an einer Ecke anheben, um am bröselnden Klebstoff zu riechen. Der Teppich ist unsere Welt. Wir verzieren ihn mit Gänseblümchenköpfen und stecken Fichtennadeln in den kurzen, struppigen Flor. Anna presst ihre Wange auf den Boden und erzählt mir, wie das Schiff auf eine zauberhafte Insel zusteuert, auf der die Blumen groß wie Bäume und die Gräser dick wie Arme sind. Wir beraten, ob wir uns fürchten sollen, aber wir tun es nicht. Wir finden einen Krümel und teilen ihn gerecht, das Essen muss eine Weile reichen. Durst existiert auf dieser Insel nicht, bis unsere Mutter uns hellen Himbeersaft bringt.

Seht her, ich mache es euch vor!
Die Mutter steckt ihren Finger durch den Ring und zieht langsam den Deckel ab.
Auf dem Küchentisch liegt ein Tuch, das sich königlich glatt anfühlt.
Auf dem Tuch steht eine Konserve mit Fisch.
Fisch ist gesund, sagt die Mutter, und wir mögen ihn.
Wir kleckern mit der roten Soße und bröseln mit dem Brot.
Nach dem Essen schaltet die Mutter den Fernseher ein.
Seht gut hin, Mädchen!, sagt die Mutter.
Wir sehen andere Kinder in anderen Häusern.
Die Armen, sagt die Mutter, das sind viel zu große Zimmer für ein Kind. Und wir verspüren Mitleid, weil die Kinder in schwarzen Autos durch Städte gefahren werden und Berge von Spielzeug haben anstelle von Stöcken und Sand.

3

Annas Vater ist ein Maler, der sich von der Brücke gestürzt hat.
Es ist Sonntag und wir machen einen Spaziergang in den Wald. Woche für Woche besuchen wir Annas Vater, denn Mutter kennt nur diesen einen Weg.

Seht her, Mädchen!, sagt die Mutter, und haltet euch schön an der Hand!

Unter uns tost das Wasser, die Holzbrücke ist lang und schmal. Unsere Nasen erreichen kaum die Brüstung, unsere Blicke verirren sich im Wald.

Der Tod von Annas Vater ist ein tosendes Rauschen.

Na, du?, sagt die Mutter und sieht mich an.

Mein Vater hat meiner Mutter in einem Hinterhof den Rock von der Hüfte gerissen und lebt auch nicht mehr.

Unsere Väter bestehen aus Wörtern.

4

Die Mutter erzählt uns eine Gutenachtgeschichte. Sie zieht ihren Lippenstift nach, tupft Parfum auf ihre Handgelenke, setzt sich als Märchenfee auf den Rand des Bettes, in dem wir, eng aneinander geschmiegt, liegen.

Haltet euch gut an den Händen, Mädchen!

Wir Kinder bekommen Fähnchen und die Erwachsenen haben Feuerzeuge. Mein Fähnchen hat einen gebrochenen Stab. Meine Mutter hat Angst, ich könnte mich an den spitzen, langen Holz-fasern verletzen, und sie bittet meinen Vater um eine Packung Taschentücher und löst den Klebestreifen ab und umwickelt damit mein Stäbchen und sagt mir, ich solle nun ganz vorsichtig damit winken, denn es gebe keine Möglichkeit, ein neues Fähnchen zu bekommen, die Ausgabestelle sei am anderen Ende der Halle und ich würde doch sehen, dass es kein Durchkommen gebe, also vorsichtig damit, ja? Und ich nicke und halte mein Fähnchen in die Höhe und neige es nach rechts und nach links und die anderen Kinder zerschneiden mit ihren Fähnchen die Luft, sodass das Papier nur so knallt, und auf einmal gibt es ein Rumoren und vorne beginnen die Leute zu schreien und die Beine vor mir rücken nach vorn und hinter mir rücken welche nach und sie alle rücken enger zusammen und auf einmal knacken die Lautsprecher und es rauscht und es sirrt und dann hört man Gedichte und die Leute sind irritiert, denn das haben sie nicht erwartet, einige lachen, einige sagen So ein Scheiß und ich sage es nach und meine Mutter packt mich am Genick und ich fühle mich wie ein in die Falle gegangenes Tier und verstumme und halte mein Fähnchen noch ein bisschen höher und neige es vorsichtig nach links und nach rechts und trotz aller Vorsicht berührt es jemanden am Kopf und der wischt es mit einer Armbewegung weg wie ein lästiges Insekt und dreht sich nach mir um und blickt mir starr ins Gesicht mit zusammengezogenen Augenbrauen und ich senke meinen Arm und sehe dass das Papier einen Riss hat und ich tupfe Spucke darauf aber es ist natürlich nicht mehr zu reparieren und es riecht schlecht zwischen all den Beinen und auf einmal hört man Musik und jemand brüllt in ein Mikrophon und ich lasse das Fähnchen fallen und halte mir die Ohren zu und schließe die Augen und stelle mir vor ich sei woanders aber meine Haut spürt dass ich da bin und meine Nase riecht dass ich da bin und die Hand meiner Mutter senkt sich auf meinen Kopf und streicht aufgeregt über mein kurzgeschorenes Haar und dann plötzlich zieht sie meine Hand vom Ohr und ruft Jetzt!, jetzt! jetzt!, jetzt endlich! und sie stellt sich auf die Zehenspitzen und ich sehe ihr erhobenes Kinn und dass sie rote Flecken auf dem Hals hat und mein Vater packt mich und versucht mich hochzuheben doch es ist unmöglich ich stecke zwischen den Beinen fest und dann legt er seine Hand auf meine Schulter wie zum Trost

oder wie als Versprechen dass er mir später alles ganz, ganz, ganz
genau erzählen wird –

5

Die Mutter steckt Stoffblumen in Annas braunes, langes Haar.

Sie klemmt Stoffblumen in meine dünnen, blonden Fransen.

Ich nage die Fransen ab, sobald sie mein Kinn erreichen.

Die Mutter setzt sich an den Rand unseres Bettes: Es war einmal eine wunderschöne, junge Frau.

Die Mutter presst ihre Lippen aufeinander. Sie schimmern korallenrot. Mutters Lippen kräuseln sich. Die Zunge tanzt hinter ihren Zähnen. Ihr Kopf ist leicht geneigt, und als sie die Augen schließt, schließe ich auch meine. Das Haar der Prinzessin hängt aus dem Turmfenster und unten wartet der Prinz. Vom gestohlenen Salat ahnt sie nichts und auch nicht von ihrer Mutter, die ihr Kind unendlich, unendlich vermisst. Und es trägt sich zu, dass der Königssohn durch den Wald reitet und herrlichen Gesang vernimmt.

Rapunzel, Rapunzel,

Lass dein Haar herunter!

An die Haare deines Vaters kann ich mich gut erinnern, sagt die Mutter und stupst mich an. Wie gelbe Federn, die über seinen Ohren abstanden, als er mir den Rock von der Hüfte riss.

Die Mutter steckt dem Prinzen gelbe Federn an den Hut. Der Prinz weiß, was zu tun ist, und Rapunzel gehorcht. Alsbald fallen die Haare herab und der Königssohn klettert an ihnen hinauf. Seinen Hut verliert er dabei nicht und die

Federn kitzeln Rapunzel am Kinn, als sein Kopf am Turmfenster erscheint. Und er führt Rapunzel in sein Reich, wo
er mit Freude empfangen ward, und sie lebten noch lange
glücklich und vergnügt.

6

Die Mutter arbeitet im Abstellraum, sie greift nach den Sternen. Wenn sie fertig ist, zeigt sie uns lachende, gelbe Gesichter und rote Herzen, so viele, dass wir sie kaum zählen
können.

Wir pressen unsere Ohren an die Tür und hören die meiste Zeit nichts. Ab und zu summt es und manchmal hören
wir Mutters Stimme, doch wir verstehen kein Wort. Sobald
unsere Ohren heiß und rot sind, verdrücken wir uns und
legen uns mit einem Buch unter das Bett. Wir schlagen es
nicht auf, es bleibt zwischen uns liegen und wir lesen es uns
mit geschlossenen Augen vor. Wer einen Fehler macht, verliert und muss der anderen die Füße küssen.

Die Mutter erlöst uns von diesem Spiel. Fertig!, sagt sie und
lockt uns unter dem Bett hervor.

Zieht euch die Schuhe an, Mädchen, wir gehen an die
frische Luft!

Die Laune der Mutter ist prächtig, wir freuen uns und
laufen voraus.

Jede findet einen Stock und wir müssen nicht streiten, welcher der bessere ist. Wir schlagen uns durch das Gebüsch, wi-
ckeln Spinnennetze auf unsere Stöcke und fegen damit über
die blühende Wiese, bis wir glauben, dass ausreichend sü-

ßer Nektar darauf hängengeblieben ist. Dann zählen wir bis fünf und strecken unsere Zungenspitzen nach dem gelblich-weißen Belag. Die Stöcke schmecken nach Stöcken und die Zungen bleiben nicht daran kleben, wir werfen die Stöcke in hohem Bogen von uns fort.

7

Alle Packungen neben der Kassa sind rot. Wir möchten die Kekse mit der blauen Schrift, aber Mutter stellt sie ins Regal zurück. Die sind nicht gut für uns, erklärt sie, und drückt uns zwei rote Schachteln in die Hände. Wir sehen die Packung mit der blauen Schrift in einem Einkaufswagen liegen und Erdbeeren in einem großen Karton. Milch in Glasflaschen, Olivenöl und die Sorte Nudeln, die wir schlecht vertragen. Den Einkaufswagen schiebt eine Frau, die nicht von hier ist, sie lächelt uns freundlich zu.

Mutter legt Saft auf das Förderband, drei Dosen Fisch und Semmeln im Netz. Wir legen die roten Kekse dazu und Anna steckt Kaugummi in die Tasche ihres Kleides. Ich sehe ihr nicht in die Augen, ich weiß, sie wird teilen, einer für dich und einer für mich, wir werden Blasen machen, wenn die Mutter nicht da ist, und gut lüften, damit sie nichts bemerkt.

Gibt es Märchen, in denen Prinzessinnen stehlen? Wir glauben nicht.

8

Die Mutter sitzt mit uns am Tisch, dicke Schichten aus Zeitung liegen auf dem glatten Tuch.

Dein Vater war ein Maler, sagt sie zu meiner Schwester. Meine Schwester weiß. Die Mutter stellt kleine Töpfe mit glitschiger Farbe auf den Tisch, in die wir unsere Finger tauchen müssen.

Malt ein Pferd!, sagt sie, doch wir wissen nicht, wie das geht, und malen einen schwarzen Strich und vier braune und Anna versucht den Kopf.

Die Mutter lacht uns aus, weil unser Pferd keinen Schweif hat.

Anna malt ein rosa Kleid und ich vier Striche und Anna einen Kopf.

Ich setze dem Kopf gelbe, fedrige Haare auf.

Anna malt ein rosa Kleid und ich vier Striche und Anna den Kopf.

Ich setze dem Kopf lange, braune Haare auf.

Wir verlängern zwei Striche, sodass wir uns an den Händen halten. Zwei rosa Kleider auf einem Blatt Papier.

Die Mutter hängt das Bild über die Spüle.

9

Wir stehen am geöffneten Fenster und rufen nach der Katze. Sie kommt und miaut. Wir nehmen einen halben Keks aus der Packung und werfen ihn hinunter. Anna greift nach meiner Hand. Ich spüre einen Zug, ich folge ihr, sie zieht mich zur Wohnungstür, ich sage ihr, wir dürfen das nicht, sie sagt, unten wartet die Katze auf uns, die Katze wird uns beschützen.

Wir haben sechzehn Stufen zu überwinden und lieben den Geruch im Treppenhaus, aber jetzt ist nicht die Zeit, zu schnuppern, wir tappen hinunter, so leise wir können, und schleichen rasch ums Eck.

Die Katze ist noch da, sie streicht um Annas Beine.

Komm zu mir, sage ich und bekomme ihren Schwanz zu fassen.

Sie ist weich, sagt Anna.

Ich spüre nichts, sage ich.

Die Katze drückt ihre Krallen in die Erde, ihr Rücken streckt sich unseren Händen entgegen, ich grabe meine Finger in ihr Fell, bis sie genug hat von uns und zwischen den Hecken verschwindet.

Wir riechen an unseren Fingern, wir riechen nichts, aber Anna zieht mich ins Haus, Anna zieht mich ins Bad, wir greifen gleichzeitig nach der Seife, damit unsere Hände nach *Meeresbrise* duften. Wir suchen unsere Kleider nach schwarzen Haaren ab, wir zupfen schwarze Haare aus unseren Socken und werfen sie ins Klo. Wir spülen, bis auch das letzte Haar verschwunden ist, das hartnäckig auf dem Wasser schwimmt.

10

Der große Tag ist gekommen, die Mutter kommt mit zwei Taschen voller Kleidung nach Hause.

Wir springen um sie herum wie junge Hasen und reißen uns die alten Kleider vom Leib. Die Mutter packt die Taschen aus und faltet jedes Stück feierlich auseinander. Weil wir so empfindlich sind, hat sie alle Zettelchen herausschneiden lassen. In einem Pullover finde ich doch noch eines, es hat sich zusammengerollt und als ich es ausrolle, erkennt man nicht, was darauf geschrieben steht, so blass reihen sich Buchstaben und Zeichen aneinander.

Das ist Geheimschrift, sagt die Mutter, nimmt mir den Pullover aus der Hand und holt die Schere.

Wir reiben unsere Nasen an den bunten Stoffen und strecken unsere Arme in die Höhe, damit die Mutter uns anziehen kann.

Meine Mädchen!, sagt sie und wir drehen uns vor ihr in gestreiften Blusen und blassblauen Kleidern und Hosen, die etwas zu kurz sind, und in T-Shirts, die uns fast bis zu den Knien reichen.

Wunderbar, sagt die Mutter.

Wunderbar, sagen wir.

II

Vor uns geht die Lehrerin mit ihrem Kind. Von hier aus können wir die Zahnlücke nicht sehen, die uns so gut an ihr gefällt. Wir sehen ihr wehendes Haar, ihr gesprenkeltes Sommerkleid, ihren rechten Arm, den sie nach ihrem Kind ausstreckt, um es von der Straße auf den Gehsteig zu ziehen. Sie trägt flache Schuhe, das Kind hat einen Sandeimer in der Hand. Wir versuchen, sie einzuholen, doch unsere Mutter fällt zurück und wir bleiben schön an ihrer Seite.

Schon aus der Ferne hören wir Stimmen, doch diesmal geht die Mutter nicht weiter und wir folgen ihr. Die Schaukel ist besetzt und im Sand liegen Berge von Spielzeug. Sobald sie uns sehen, versenken die anderen Mütter ihre Blicke in den bunten Saftbechern ihrer Kinder. Wir kommen ihnen nah und achten aus Höflichkeit darauf, nicht auf ihre Picknickdecken zu treten. Meine Mutter streicht mir übers Haar und alle anderen Mütter wissen, was sie damit sagen will. Wir stellen uns zur Rutsche, die uns nicht interessiert, und sehen zu, wie einem Mädchen Blut aus den Knien rinnt.

Ihr müsst zu euren Vätern stehen, erzählt uns die Mutter, als wir die Kinder mit ihren von Zucker glänzenden Lippen wieder verlassen, denn ihr besteht zur Hälfte aus ihnen.

12

Anna möchte tauschen, denn sie stellt es sich schöner vor, einer Frau den Rock von der Hüfte zu reißen, als zerschmettert und kalt im Bachbett zu liegen. Sie bietet mir ihren teuren Blumenring als Draufgabe an. Wir sitzen auf dem Teppich vor unserem Bett und sie steckt mir das Ringlein an den Finger. Mir ist es recht, ich mag den Bach und die Schlucht und kann ab jetzt jeden Sonntag den Absprungplatz meines Vaters besuchen. Wir besiegeln den Tausch mit einem Kuss, wie wir es aus dem Märchen gelernt haben, und schwören uns, der Mutter nichts davon zu sagen.

Katzenherz

Wir sitzen ganz oben auf dem Dach, auf der Plattform vor der maroden Kuppel. Wenn man ganz leise ist, klingt der Wind wie ein Echo, als würden Geräuschfragmente vom anderen Ende der Stadt über die gebogenen Wände tanzen, bis sie sich neu zusammensetzen, zu einem geisterhaften Rauschen.

Pavel dreht sich ungeschickt eine Zigarette. Ich streichle Brodsky, seine Ratte. Als Pavel die Zigarette anzündet, flammt das Papier auf und knistert, es ist viel zu locker gewickelt. Pavel pafft, rauchen ist zu gefährlich. Alles ist gefährlich. Zum Beispiel die unendlich vielen Treppen hier hinauf. Beim ersten Mal hatten wir keine Pause gemacht, ich war einfach losgerannt. Pavel kam kaum hinterher.

»Willst du mich umbringen?«, hatte er atemlos gefragt, aber ich lachte nur.

Heute feiern wir Pavels Geburtstag. Er ist 76 geworden. Brodsky springt aus meiner Hand und folgt knabbernd der Spur aus Chips-Krümeln, die wir hinterlassen haben. »Hey, er haut ab!«, ruft Pavel. Seine halb abgebrannte Zigarette fällt ihm aus der Hand und rollt fort, in den Abgrund. Er schnappt sich Brodsky und lässt ihn in der Bauchtasche seines Kapuzenpullis verschwinden.

Dort unten sind wir uns das erste Mal begegnet, zwischen verrosteten Schienen, Trümmern und Wald. Pavel saß auf dem Boden des halb verfallenen ehemaligen Bahnhäuschens und las. Ich erschrak, als ich ihn sah, hier hatte ich niemanden erwartet. »Was machst du hier?«, stotterte ich.

»Nichts. Also. Ich lese … «, sagte Pavel. Seine Stimme war hoch und klang doch klar und ernst. Ziemlich erwachsen für einen Jungen, der kaum älter sein konnte als ich.

»Was denn?«, fragte ich.

»Gedichte«, sagte er

»Im Ernst?« Ich grinste und fand ihn ziemlich seltsam. Er begann etwas vorzulesen.

> *Eines Tages*
> *Wird ihm − dem Herzen −*
> *Etwas zustoßen.*
> *Dann wird sich einer von uns,*
> *achttausend Kilometer westlich von dir,*
> *auf dem schmutzigen Asphalt hinstrecken,*
> *seine Bücher gleiten ihm aus der Hand,*
> *und das letzte, was er sieht,*
> *sind beunruhigende Dutzendgesichter,*
> *ein Stück Hauswand,*
> *ein an Drahten hängender Fetzen Himmel … * [1]

»Was für ein Schwachsinn!«, unterbrach ich ihn.

Pavel zuckte mit den Schultern, klappte das Buch zu und legte es neben sich.

»Hast du keine Freunde, oder warum versteckst du dich?«, fragte ich.

»Das könnte ich dich auch fragen.«

CLAIRE WALKA

Von da an trafen wir uns regelmäßig und erkundeten zusammen das schier endlose verlassene Gelände. Die Natur und der Verfall schufen eine Kulisse, die uns das Gefühl gab, die letzten Menschen auf diesem Planeten zu sein. Doch auch wenn wir nie jemandem begegneten, waren wir nicht die Ersten gewesen. Davon zeugten die vollgekritzelten Wände des Bahnhäuschens:

N + L, mindestens für immer, Thomas und Marco sind die Besten oder *Ich mag Dich auch nicht.*

»Heute sind wir dran!«, sagte ich und zog stolz einen Edding aus der Hosentasche. Ich hatte ihn am Vormittag unter größter Anspannung im Schreibwarenladen geklaut. Ihn zu kaufen, wäre zu einfach gewesen, zu bedeutungslos. Schließlich ging es darum, uns ein Denkmal zu setzen.

»Darf ich?«, fragte Pavel. Ich zögerte, denn ich hätte gern vorher gewusst, was er schreiben wollte. Dann überließ ich ihm den Stift.

> *Ich werde alt sein, aber du bist jung.*
> *Es wird so sein wie Pioniere lernen –*
> *es gehn nur Tage, keine Jahre um*
> *die uns noch bleiben bis zur Neuen Ära.*[2]

Pavel hielt einen Moment inne und ließ langsam den Stift sinken. Ich hörte seinen Atem und war mir nicht sicher, ob ich die Zeilen mochte. Sie klangen groß. Aber irgendwie auch bedrückend. Pavel drehte sich um und sah mich lange an. Und dann küssten wir uns.

»Gleich falle ich tot um, so aufgeregt bin ich«, sagte Pavel lachend.

Ich lachte auch, doch etwas in seiner Stimme machte mir Angst.

Und dann kam er einfach nicht wieder. Von heute auf morgen, ohne ein Wort zu sagen. Ich suchte nach ihm, doch hatte ich keine Ahnung, wo er wohnte. Nach zwei vergeblichen Wochen mied ich das Bahnhäuschen, die Stille tat mir in den Ohren weh. Stattdessen lief ich ziellos durch die Fußgängerzone oder verlor mich im Lärm der Ringstraßen. Bis ich eines Tages doch wieder vor der bunten Wand stand.

Ich werde alt sein, aber du bist jung …

Ich fuhr mit meinen Fingern über die Worte, und weiter, über die raue Wand, den teilweise blätternden Putz, die bunten und verblichenen Buchstaben, über Kerben, Risse, dicke Farbschichten, bis ich am anderen Ende des Raums zwei neue Zeilen entdeckte:

Wie gern würd ich in dieser schwarzen Stunde
mit einer Straßenbahn zum Stadtrand fahren …[3]

Es war Pavels Schrift. Und wer sonst würde so etwas auf die Wand schreiben? Ich setzte mich auf den Boden und blieb, bis es dunkel war. Pavel kam erst am nächsten Tag.

»Wo warst du die ganze Zeit?«, fragte ich.

»Ich war … auf der anderen Seite … Also … Fast.«, sagte er.

»Welche andere Seite denn?«, fragte ich.

Pavel schaute mich an, öffnete den Mund und sagte nichts.

»Und das?« Ich zeigte auf den Spruch auf der Wand.

»Brodsky.«

»Schon klar. Aber was soll das bedeuten?«

Pavel schwieg. Dann nahm er zögernd meine Hand und zog mich ins Freie. Wir ließen die Schienen, die Büsche, die Scherben und das Geröll hinter uns, liefen durch laute, überfüllte Straßen, durch einen Park mit Qualm und Gelächter, bis es wieder ganz still wurde. Wir waren auf einem Friedhof gelandet. Ringsrum überall Gräber. Doch es war kein normaler Friedhof, sondern einer nur für Tiere.

Ich hatte gar nicht gewusst, dass es so etwas gibt. Mein Meerschweinchen hatten wir im Garten beerdigt. Hier gab es sogar richtige Grabsteine.

Meta Morelli stand in goldenen Lettern auf der marmornen Platte, vor der wir Halt machten.

»Wer war das?«, fragte ich.

»Unsere Katze.«

Laut Todesdatum war sie vor knapp vier Wochen gestorben. Mit fünfzehn Jahren. Ganz schön alt für eine Katze, dachte ich.

»Morelli? Heißt du auch so?«, fragte ich.

Pavel nickte. Dass sein Familienname auf dem Grabstein stand, war mir unheimlich.

»Meta war wie eine Schwester für mich«, sagte Pavel.

»Hast Du keine richtigen Geschwister?«, fragte ich.

Pavel schüttelte den Kopf.

»Als Kind habe ich oft darüber nachgedacht, wer zuerst sterben würde, Meta oder ich. Und ich habe mich gefragt, was wohl schlimmer wäre. Meta zu verlieren. Oder selbst sterben zu müssen.«

»Selbst sterben zu müssen, was sonst!«, platzte es aus mir heraus.

Pavel drehte sich zu mir. Seine Pupillen wirkten größer und dunkler als sonst.

»Und wenn man sowieso bald sterben muss?«, sagte er.

»Okay, wenn man alt ist, ist das vielleicht anders, aber … «

»Ich bin alt«, unterbrach er mich. »Ich bin 72!«

»Ja klar, Spinner!«

»Ehrlich, in Katzenjahren!«

»Du bist doch keine Katze!«

»Aber ich habe ein Katzenherz.«

»Was soll das denn heißen?«

»Mein Herz tickt anders. War schon immer so. Die erste OP hatte ich als Baby. Und als dann Meta krank geworden ist und ihr Herz einfach aufgegeben hat, ist auch bei mir alles aus dem Takt geraten. Jetzt habe ich einen Herzschrittmacher.« Pavel senkte den Blick. »Dein Freund ist ein Opa. Das hättest Du nicht gedacht, was?« Er schaute zu mir und versuchte zu lächeln, aber sein Blick war ängstlich und seine Lippen zitterten leicht. Ich wusste nichts zu sagen, also trat ich ganz nah an ihn heran und küsste ihn. Sehr vorsichtig. Denn ich musste an das denken, was er beim ersten Kuss gesagt hatte.

Ein Sirene erklingt in der Ferne und vermischt sich in der Kuppel mit dem Echo der Schnellstraße zu einem mehrstimmigen Summen. Ich knistere mit der Chipstüte den Takt dazu.

»Vielleicht haben Meta und ich um die Wette gelebt. Und deshalb ist sie so alt geworden«, sagt Pavel. »Vielleicht bin auch ich nur deshalb noch hier.«

Vorsichtig holt er Brodsky aus der Bauchtasche und hält ihn sich nah vors Gesicht. »Dir fehlt der Ehrgeiz, gegen mich anzutreten, was? Und Du hast ja nicht mal ein Katzenherz, es wäre nicht fair.« Pavel streichelt Brodsky durchs Fell und steckt ihn zurück in die Bauchtasche.

»Meta war eine Schwester, aber Brodsky ist mein Vorbild.«

»Warum das?«

»Fressen, schlafen, um nichts kämpfen. Absolut im Augenblick leben. Nichts und niemandem hinterher jagen.

Und nichts vermissen. Das kann er besser als Meta. Und viel besser als ich.«

»Weißt Du, dass Brodsky wegen Nichtstuerei verurteilt wurde?«, frage ich.

Pavel nickt. »Nichtstuerei kann ganze Welten erschaffen«, sagt er.

»Lass uns drauf anstoßen!« Ich entkorke den Piccolo und befülle zwei Schnapsgläser bis obenhin, sie schäumen über.

»Auf's Nichtstun!«, sage ich.

»Auf Brodsky! Darauf, dass er uralt wird.« Pavel lässt seine linke Hand in die Bauchtasche gleiten und streichelt der Ratte übers Fell.

»Und darauf, dass ich Dich trotzdem überlebe, mein Lieber …«, flüstert er.

Wir heben die Gläser und das leise Klirren beim Anstoßen multipliziert sich in der Kuppel hinter uns, wird für einen Moment ein schrilles Echo, bis der Wind es fortträgt, ans andere Ende der Stadt.

1   Aus: Joseph Brodsky: *Gedichte*, Fischer Taschenbuchverlag 1987.
2   Aus: »Prophezeihung«, in: Joseph Brodsky: *Liebesgedichte und andere Zuneigungen*, Insel Verlag 2008.
3   Aus »Sonett [1964]«, in: ebenda.

ANKE LAUFER

Emma und Eve

I

Sie ist wieder da draußen, tippe ich in mein Smartphone. Sie ist so groß. Zu groß für den Balkon. Sie streckt die Beine durch die Gitterstäbe und ihre Pantoffeln hängen in der Luft, über der Stadt: dem Fluss und der Stadtautobahn, dem Chemiewerk am gegenüberliegenden Ufer, dem graurosa Himmel dahinter.

Was Josh schon weiß: Die Wohnungen sind klein, aber die Balkone sind geradezu lächerlich. Winzige Außenkäfige, groß genug, um den Müll dort zu lagern, was fast alle Mieter machen. Nicht so meine Nachbarin. Sie hat drei Blumenkästen am Geländer: signallampenrote Geranien. Ich mag die Farbe nicht. Aber Josh hat wahrscheinlich recht: Ich muss mich erst einleben.

Auf Spitzbergen kann ich mich so jedenfalls nicht konzentrieren, schreibe ich.

Spitzbergen?

Neuer Auftrag. Atmosphärische 3000 Anschläge.

Hart, schreibt Josh. Ein-Wort-Sarkasmus, eine seiner Stärken.

Sie sitzt stundenlang dort draußen, schreibe ich, *in ihrem Lehnstuhl, und sie starrt mit diesem wässrigen Blick in die Ferne.*

Am ersten Morgen nach dem Einzug: Sie hatte etwas auf dem Schoß, was ich für ein Schaffell hielt – zottelig, vergilbt. Bis das Ding auf einmal den Kopf hob und mit neongelben Augen zu mir herüberstarrte.

Sie hat so ein Riesenvieh von Langhaarkatze. Und ihre Haut – jetzt zögere ich.

Jetzt sag schon, schreibt Josh

... wie aus braunem Leder. Feines, aber extrem runzliges Handschuhleder. Klingt das jetzt rassistisch?

Keine Ahnung. Nein, ich denke nicht. Ich meine –

Josh hat sonst immer eine Antwort parat. Eine, die entweder klug oder ehrlich oder zumindest witzig ist. Josh ist mein bester Freund, aber er ist 727 Meilen weit fort. Wir haben uns vor fünf Jahren kennengelernt, danach aber zu selten gesehen. Es hat sich einfach nicht ergeben. Jetzt, wo die Pandemie ein Wiedersehen in weite Ferne rückt, hat die Frequenz unserer Textnachrichten erheblich zugenommen. Als ob wir viele, sehr viele verpasste Gelegenheiten wettmachen wollten. Manchmal frage ich mich, was aus uns geworden wäre, wenn er für mich in erreichbarer Nähe wäre, wenn er (nur so als Beispiel) mein Nachbar wäre. Die beiden Balkone sind sich so nah, dass man mit ein wenig Mühe einen Kaffeebecher von einer Brüstung zur anderen reichen könnte. Vielleicht auch ein Glas Wein. Vielleicht käme ja sogar ein langer Kuss in Frage. Ich tagträume schon wieder.

Hast du mit ihr gesprochen?

Nein, sie sieht so – weggetreten aus. Aber auch – irgendwie majestätisch.

Majestätisch?

Hochnäsig. Unantastbar. Respekteinflößend.

Rede mit ihr. Stell dich ihr vor. Ich will mehr über die Frau wissen.

Das ist so ein Spiel zwischen uns. Wir stellen einander kleine Aufgaben. Eine Zeichnung von unserem Fensterblick, ein kompliziertes Kochrezept. Sachen, die uns herausfordern, aber machbar sind.

Josh kennt mich, das Homeoffice ist für mich ein wahrer Segen: Die allmorgendliche Frage, was ich anziehen soll, um abschätzige Blicke zu vermeiden, fällt aus. Auch der Spießrutenlauf im Großraumbüro bis hin zur Kaffeemaschine. Josh weiß, dass ich Schwierigkeiten habe. Mit Menschen. So ganz allgemein.

2

Was Josh nicht weiß, das passiert am Abend.

Es klingelt gegen sieben und ich betrachte ihn durch den Türspion. Wie meistens stimmt das Aussehen nicht wirklich mit dem Selfie überein, das auf dem Portal hochgeladen wurde. Trotzdem: der scharfe Brauenbogen, die Nase, die etwas schief ist, die Augenfarbe ein verwaschenes Indigoblau, oft ist es eben nur ein Detail. Ich habe mich damit abgefunden, dass ich nach Männern Ausschau halte, die Josh ähneln, wenn auch nur in Bruchstücken.

Diesmal ist es ein Treffer: Er sieht gut aus, wenn auch nicht ausreichend groß und schlaksig. Wir checken gegenseitig unsere Schnelltests, und als wir ficken, versuche ich mich auf die Ähnlichkeiten zu konzentrieren, was diesmal ziemlich gut funktioniert. Irgendwann schließe ich die Augen und lasse los. Das habe ich geübt.

Danach geht es mir besser.

Es war gut, oder?, fragt er, während er sich das Hemd zuknöpft. Aus der Nachbarwohnung ertönt ein seltsames Geräusch. Ein schnelles, unstetes, irgendwie rhythmisches Klackern.

Ja, sage ich.

Er ist schon auf dem Weg zur Tür, zwinkert mir zu: *Lass uns in Kontakt bleiben.*

Ich winke lässig. Ich muss nicht einmal aufstehen, um ihn loszuwerden. Als die Tür ins Schloss fällt, entspanne ich mich. Mit dem Klackern im Ohr döse ich weg.

3

Das Smartphone weckt mich. Die Vibration auf dem Linoleum wie das Krallenscharren eines kleinen Tiers. *Was machst du?*

Josh weiß, dass mir Textnachrichten am liebsten sind. Heute besonders. Textnachrichten kann man überarbeiten, zensieren, löschen. Was Josh nicht weiß: dass ich es hassen würde, ihn anzulügen.

Also tippe ich: *Ich hatte gerade wilden Sex. Und jetzt freue ich mich auf ein Glas Wein.*

Er wird mir das sowieso nicht glauben, denke ich. Das Klackern aus der Wohnung der Nachbarin hat wieder eingesetzt.

Gratuliere, schreibt er.

Wir texten eine Weile hin und her. Dann schickt er mir eine Audiodatei, einen neuen Song. Mein Herz macht einen Sprung.

Sag mir, was du davon hältst, schreibt er. *Aber nicht heute. Morgen. Lass dir Zeit.*

Das ist seltsam. Normalerweise kann er es kaum erwarten, meine Meinung zu hören. Ich frage mich, ob er mir die Sache mit dem Sex doch glaubt. Und wenn ja – ob es ihm etwas ausmacht. Und dann frage ich mich, ob er sich vielleicht auf ähnliche Weise betätigt.

Ich lasse mich auf den Schreibtischstuhl fallen, schalte den Laptop ein und öffne das Textdokument *Spitzbergen*. Der Curser blinkt eine ganze Weile auf der immer gleichen Stelle, während ich zu meinem Smartphone hinüberschiele. Doch es bleibt still.

4

Am Morgen fällt mein Blick als Erstes auf den sonnenbeschienenen Fleck neben dem Bett, wo das gebrauchte Kondom liegt, zusammengerollt wie ein zertretenes Weichtier.

Ich stehe auf, schlüpfe in den alten Bademantel und zurre den Gürtel fest, nehme das Ding mit spitzen Fingern hoch und trage es hinaus auf den Balkon, wo ich es in die Restmülltonne fallen lasse.

Sie sollten vorsichtig sein, sagt eine Stimme ganz in der Nähe.

Ich schnappe nach Luft. Es ist meine Nachbarin. Der Kater sitzt diesmal zu ihren Füßen und schickt mir einen abschätzigen Blick.

Ich kann schon auf mich aufpassen. Aber danke, sage ich.

Sie mustert mich aus ihren tiefliegenden, trüben Augen. *Fehler sind schnell gemacht. Sage ich immer.*

Stimmt schon, sage ich, weil ich nicht weiß, was ich sonst sagen soll. Das Rauschen der Stadt ist ein entfernter Strom, aus dem sich dünn das Wehklagen einer Sirene heraufschraubt. Ich denke an Joshs Auftrag.

Ich habe mich noch gar nicht vorgestellt, sage ich.

Emma, nicht wahr?, sagt sie

Ja, sage ich, *woher – ?*

Ich kann lesen, sagt sie. *Es steht auf dem Klingelschild. Ich bin Eve*, sagt sie, bevor ich fragen kann. *Eve Kleinschmidt.*

Sie sieht aus wie eine Eve, denke ich, aber nicht wie eine Kleinschmidt. Ich finde diesen Gedanken ziemlich rassistisch. Als könne sie Gedanken lesen, sagt sie:

Ja, bevor Sie fragen: Ich bin nicht von hier. Nur gestrandet. Sie wendet sich ab. *Wie Treibholz*, murmelt sie.

Bis auf die spitzen Schreie der Schwalben fühlt sich heute alles unwirklich an. Die Schwalben, die so nah vorbeischießen, dass man meint, sie mit einer Hand aus der Luft pflücken zu können. Als ich wieder zu Eve hinschaue, ist sie eingeschlafen, die Hände im Fell des Katers.

Sie heißt Eve, schreibe ich wenig später an Josh. *Sie ist hier gestrandet, sagt sie.*

5

Am Abend, bei weit geöffneten Fenstern, während die Hitze des Klimawandels aus den Betonwänden steigt, liege ich nackt auf dem Bett und höre Joshs Song. Er heißt *The curse* und es geht um einen Fischer, der hinausfährt und die Netze einholt, während er darüber nachdenkt, einer gewissen Molly seine Liebe zu erklären. Solider Folk. Doch nach der ersten Strophe ändert sich alles. Der Refrain ist anders: schräg und doch melodisch, düster zugleich. Josh singt über das silbrige Aufscheinen der Heringsschwärme unter Wasser, in dem er das Blinken und Schimmern von Münzen sieht, mit denen er sie loskaufen wird, diese Molly, aus irgendeinem Fluch, den ich mir wie eine Art Riesenkrebs vorstelle,

schwarz, warzig, verwachsen, der Molly mit seinen Scheren-
händen in der Tiefe festhält.

Ich liege ganz still, als der Song verklingt. Das letzte
Licht verdämmert pfirsichfarben hinter dem Chemiewerk
und färbt die Rauchfahnen der Schlote purpurn und dun-
kelbraun. Ich taste nach mir selbst und streiche mir sacht
über die Haut, verharre an der Stelle, wo mein kleines Mut-
termal sitzt, links neben dem Venushügel, so, wie er es tun
würde. Jedenfalls stelle ich es mir so vor. Es ist kaum auszu-
halten.

6

Während meiner Pause entsorge ich den Kaffeesatz vom Vor-
tag in der Biotonne. Sie ist schon wieder da.

Morgen, sagt sie.

Morgen, sage ich – *schöner Tag, oder?* und deute in Richtung Chemiewerk, das in der Sonne glänzt wie eine auf
Hochglanz polierte Science-Fiction-Festung.

Sie nickt. *Wenn man die Hitze mag. Bloß die Schreiberei fällt
schwer.*

Sie schreiben?, frage ich und hoffe, nicht allzu überrascht
zu klingen, und als sie nickt: *Was für ein Zufall – ich auch.* Ich
komme mir total dämlich vor. *Was schreiben Sie denn?*

*Heftromane. Liebesschmonzetten. Während ich hier draußen sit-
ze, lass ich sie mir durch den Kopf gehen, am Abend tippe ich sie
runter. Reine Fließbandarbeit*, sagt sie und verzieht das Gesicht.
Und Sie?

*Ich arbeite für ein Reiseportal. Landschaften, Lokalkolorit, so-
was. Das meiste davon ist ausgedacht. Obwohl ich vorher schon ein
bisschen recherchiere. Hinfahren kann ich ja schlecht.*

Heimweh hin, Fernweh her, stellt Eve fest, *der Lockdown ist wie Migräne.*

Ich überlege, was ich sagen soll.

Wenn Sie wollen, kann ich Ihnen von da erzählen, wo ich her-komme, sagt sie. *Wird Ihnen gefallen.*

Wo ist das?, frage ich leichthin – brenne aber vor Neugier.

So weit weg, wie es nur geht, sagt sie.

Ich warte.

Wir waren deutsche Kolonie, sagt sie, *ein paar Jahre lang. Drei-hundertsechsundfünfzig Inseln, eine für jeden Tag, beinahe.*

Ich habe keine Ahnung von deutscher Kolonialgeschichte.

Palau, sagt sie schließlich und hebt die Brauen, aber auch da bin ich nicht schlauer. Sie lässt den Kopf auf die Rü-ckenlehne zurückfallen und seufzt. Ich sehe zu, wie sie weg-dämmert, während ich meinen Kaffee austrinke, während sie etwas murmelt wie: ... *hätte ihm den See nicht zeigen sollen.*

Hinterher: Anstatt endlich über Spitzbergen zu schrei-ben, gebe ich das Wort Palau in die Suchmaschine ein. Bun-te Bilder ploppen auf, Videos auf Youtube. Die meisten der Inseln sind klein und sehen aus wie Schädel, die aus dem tiefblauen Ozean ragen, schaumumkränzt. Sie tragen sma-ragdgrüne Hüte, sind mit Unterholz, Palmen und fleischigen Blüten herausgeputzt. Die Luft ist voller Seevogelgeschwirre.

7

Spät nachts. Eve ist es, die klackert. Sie tippt ihren Liebes-roman auf einer alten Schreibmaschine, während mein Smartphone daliegt wie ein Gegenstand, dem bewusst ist, dass er beobachtet wird. Dann endlich erbarmt es sich und gibt die ersehnte Tonfolge von sich.

Hey, wie geht's?

Hey Josh

Wie findest du ihn? Den Song, meine ich?

Ich will nicht zu viel preisgeben, ihm aber unbedingt sagen, wie gut ich den Song finde, wie gut der Songschreiber ist. Schließlich tippe ich: *Er ist wirklich gut, Josh, ich meine richtig gut* (OMG, wie originell, Emma!). Aber ich kann ja schlecht schreiben, dass seine Stimme so etwas wie einen ziehenden Schmerz in meiner Brust verursacht. Ich kann nicht schreiben, wie oft ich den Song abgespielt habe, ohne je hinter sein Geheimnis zu kommen. Doch dann mache ich einen Fehler: *Hast du den für jemand bestimmten geschrieben?*

10-9-8-7-6- zähle ich, dann ploppt seine Antwort auf.

Eifersüchtig?, schreibt er.

Falsche Antwort, ganz falsch, Josh, denke ich. Ich schicke ihm bloß ein breit grinsendes Emoji.

Er wechselt das Thema. *Was macht Eve?*

Ich erzähle ihm alles, was ich über sie herausgefunden habe. Was eigentlich nicht viel ist. Dafür weiß ich jetzt eine Menge über Palau, wovon ich ein bisschen loswerde. *Da gibt es diese Geschichte, eine Art Gründungsmythos. Über einen Jungen namens Uab, der so verfressen war, dass die Insulaner ihn loswerden wollten und nachts das Männerhaus anzündeten, in dem er schlief. Der Leichnam blähte sich im Feuer auf und zerplatzte. Die Körperteile flogen in alle Richtungen aufs Meer hinaus. Daraus wurden die vielen Inseln Palaus.*

Nette Geschichte. Wenn auch nicht für den Jungen, schreibt Josh. *Was ist mit dem See?*

Damit bin ich noch nicht weitergekommen.

Dein Auftrag für morgen, schreibt Josh und schickt ein Smiley hinterher. An manchen Tagen ist es unerträglich, den wahren Ausdruck auf seinem Gesicht nicht lesen zu können, ihm keine Haarsträhne aus der Stirn streichen zu können, nie die Stelle an seiner Schläfe zu berühren, wo unter der Haut das Blut pulsiert, wo seine Gedanken wohnen, Gitarrenriffs, Songtexte, Gedichtstrophen.

8

Am nächsten Tag hängen tiefe Wolken über dem Chemiewerk. Eve sieht unzufrieden aus.

Geht es Ihnen nicht gut?, frage ich.

Der Arzt macht mir Sorgen.

Sind Sie krank?

Nein. Es geht um Doktor Sander. Er kann sich nicht zwischen Angelina und Simone entscheiden. Obwohl der Dümmste unter den Lesern von Anfang an sehen wird, dass Simone die Richtige ist.

Woran merkt das der Leser?

Simone ist eine seelenvolle Frau.

Aha, sage ich und schaue zum Chemiewerk hinüber. Weit oben im Himmel befindet sich eine Maschine der Air France im Landeanflug.

Eve deutet hinauf. *Wir sind damals aus dem Flugzeug gestiegen und haben direkt geheiratet. Das war vor einundfünfzig Jahren.*

War Ihr Mann von hier?

Sie nickt. *Er war Völkerkundler und unsere Insel war sein Spezialgebiet. Es hat uns einen Heidenspaß gemacht, ihm wilde Geschichten aufzutischen.*

War er es, dem Sie den See gezeigt haben?

Sie richtet sich auf und nimmt mich mit zusammengekniffenen Augen ins Visier. *Das habe ich Ihnen erzählt? Ich erinnere mich nicht. Überhaupt nicht.* Sie erhebt sich ächzend aus dem Lehnstuhl, hält sich am Geländer fest, dreht sich wortlos um und verschwindet durch die Balkontür in ihrer Wohnung.

Ich will mich gerade wieder an die Arbeit machen, als sie zurückkommt. Sie beugt sich gefährlich weit über das Geländer herüber und hält mir ein gerahmtes Foto hin. Aus Angst, dass sie es fallenlässt (ihr Hochzeitstag würde zehn Stockwerke unter uns auf dem Dach der Tiefgarage zerschellen), nehme ich es ihr ab. Es zeigt einen mageren weißen Mann neben einer hochgewachsenen Insulanerin. Sie ist hübsch, beinahe eine Schönheit, sie lacht mit blanken Augen. Er sieht nett, wenn auch verunsichert aus.

Das war er. Mein Martin, sagt sie.

Ich warte. Ich werde einen Teufel tun, sie zu drängen.

Der See war ein Geheimnis, ganz und gar tabu. Er liegt in der Mitte von Eil Malk. Finsteres Brackwasser, aber voller Quallen, kleiner, leuchtendgoldener Quallen, die durch das schwarze Wasser schweben wie lebendige Laternen. Ich wollte Martin für mich haben. Es war der perfekte Trick, ihn dorthin zu führen.

Und es hat funktioniert, oder?

Ich habe ein Talent für die Liebe. Sie reckt das Kinn und lacht.

Als ich ihr vorsichtig die Fotografie zurückgebe, wage ich zu fragen: *Aber warum – Sie haben gesagt, Sie hätten ihm den See nicht zeigen sollen.*

Fehler sind schnell gemacht, sagt sie. *Nach bloß neun Jahren ist er gestorben. Hat mich hier allein gelassen. Ein Stück Treibholz. Das bin ich.* Sie starrt wieder stur geradeaus über die Uferstraße und das Chemiewerk, das im Schatten der heranrückenden Wolkenfront liegt.

Ganz weit draußen scheint es bereits zu regnen.

ANKE LAUFER

9

Ein schmaler Mondschnipsel hängt zwischen den Nachtwolken, als ich Josh später davon erzähle. Als er antwortet, bricht er unsere stille Übereinkunft. Oder so gut wie.

Wenigstens waren die beiden zusammen. Neun Jahre. Das ist doch was. Findest du nicht?

Mein Herz hämmert wie Eves Schreibmaschine. Ich weiß nicht, was ich antworten soll. Aber er kommt mir zuvor.

Die Grenzen können nicht ewig geschlossen bleiben, Emma.

Ja, antworte ich, *nicht ewig*.

10

Um zehn bin ich pünktlich auf meinem Balkon und bringe meinen Klappstuhl mit. Eve döst in der Sonne.

Wie geht es heute?, frage ich, weil es mir (!) echt super geht.

Der Arzt geht mir mit seinen Anrufen auf die Nerven. Ihre Stimme klingt wie ein Knurren.

Doktor Sander?, frage ich.

Sie sieht mich an und hebt die Brauen. *Kindchen, Doktor Sander ist eine Figur aus einem Arztroman. Wie soll der mich anrufen? Nein, Dr. Kaiser, natürlich, der alte Quacksalber, mein Hausarzt.*

Ich bin erleichtert. *Was will er?*

Ich soll ins Impfzentrum, sagt er. Ich sei an der Reihe. Er habe jetzt Nägel mit Köpfen gemacht, sagt er.

Wollen Sie sich denn nicht impfen lassen?

Doch, sagt sie, *ich bin ja nicht blöd.*

Aber?

Naja. Die Beine wollen nicht so recht. Was, wenn ich unterwegs schlappmache?

Ich nicke. Sie könnten ein Taxi nehmen. Oder –

Ja? Sie sieht auf einmal interessiert aus.

Ich könnte Sie hinbringen. Ein Auto hab ich allerdings keins, sage ich.

II

Wir treffen uns am Mittwochmorgen um halb neun vor der Aufzugtür. Eve sieht in ihren Ausgehsachen sehr elegant aus und reckt den faltigen Hals wie eine Riesenschildkröte. In der Tiefgarage halte ich ihr die Stahltür auf. Es riecht ein wenig nach Abgasen und Pisse, aber es ist angenehm kühl. Sie zögert einen Moment beim Anblick meiner alten Vespa, aber dann lässt sie sich dabei helfen, meinen Zweithelm aufzusetzen.

Fertig?, frage ich, als sie es sich hinter mir bequem gemacht hat.

Jawohl, sagt sie.

Ein paar Minuten später sind wir auf der Uferstraße Richtung Stadtmitte unterwegs. Der Fahrtwind riecht nach Flusswasser und frisch gemähtem Gras. Über uns flimmert und flirrt die Sonne durch die Kronen der Rosskastanien, die in voller Blüte stehen – rosa Kerzen, die im blauen Himmel brennen.

Hey, wollen wir in dem Schneckentempo weiterfahren?, schreit Eve in mein Ohr.

Also gebe ich Gas.

Ich denke an einen See voller goldener Quallen und silberner Münzen und an Mädchen, die von Flüchen erlöst werden müssen. Ich weiß auf einmal, was ich Josh sagen muss – unbedingt heute noch sagen muss –

Ja, verdammt. Das werde ich.

V

VOLKER DEMUTH

FOSSILES FUTUR · GEDICHTE

Grabungssaison Messel

> *»Gegenstand der Archäologie ist*
> *eine ganz neue Art von Zukunft.«*
> ELIAS CANETTI

Im Querschnitt ein Champagnerglas: Krater und Maar.
Der schlanke Stiel vom Erdinneren gehalten.
Der Qualm verzieht sich, irgendwas wird klar:
Magmaschlot im Amphibolit, langsam erkalten-

der Steinbrei, hochgekocht vom Innendruck. Überm
Basalt füllt sich der Kelch: Wasser und
gasendes Fleisch. Tier um Tier zieht zur trüben
Tränke. Stück für Stück sinkt auf den Grund.

Wo sich für immer Froschleib und Urpferd
berühren. Sich nah: Schuppe, Feder und Haar.
Verlorne Materie, die keinen Verwerter nährt.
Aufzählung und Reihe … cheerio, das war.

★

Die Schneide – gewöhnliches Metzgermesser – fährt
hinein, wo Vergangenheit Risse zeigt, legt einen
Augenblick schlagartig frei. Feineres Werkzeug erst klärt
die Szene: Käfer, erschöpft schon, mit rudernden Beinen,

dieser Fisch, gerade noch nach abendlichen Fliegen
schnappend, so füllen sich die Akte, lose
Enden beschließen das Drama, Katastrophen
überlappend mit Kot, fingernagelgroße

Körner. Während jemand am Radio dreht,
vor sich die Platte, Vorzeit und Schiefer fragil.
Gedämpft über Schutt und Nieten weht
die Nachrichtenlage: Notierungen fallend, Temperatur stabil.

★

Tiefenzeit? Ist das gemeint, was untersank?
Vom Ende her erkennt man den Anfang,
der sich nicht Geltung verschaffte, ein Verwehen
von Zukunft, dieses Landschaftsgrau, sang-
und klanglos, wo eine Bierflasche aufgehört hat, sich

zu drehn. Sediment, Sentiment –
Vorgänge, die aus der Zeit etwas ausfällen,
eine Art evolutionärer Niesel, Geflocke,
von wegen hat aufgehört, sich zu drehen.

★

VOLKER DEMUTH

Wie im Röntgenbild liegt es da, das Fleisch
ein Schatten, gleich Dämmerungen abgestuft, dunkler Rand,
die Knochen hell, ein Diadem von zweihundertsechzig
                                        [Wirbeln,
Rückblende auf erstes Bewegtbild, ein Still in flachem Land.

Die Zähne kursiv in Reihe. Mythos, Buchstaben,
die reißerisch die Welt sich einverleiben.
Gewebe für nächstes Gewebe, flackernd,
wenn Mittag die Luft heiß macht, um zwischen
Indiz und Zeichen sich irgendwo einzuschreiben.

★

Ein Wasserloch im Regenwald, Höhe Sizilien,
Baumriesen und Farne, noch fehlt Gras.
Mild das Klima. Eozänische Reptilien
in gemäßigten Tropen. So etwa das Phantom-

bild: im Morgendämmer dringt es schrill
aus Palmgewächsen, Ingwerlaub, bricht ab wie
auf Kommando, der Mittag schließlich still,
voll tödlicher Schläfrigkeit die

Luft. Irgendwann spürt man die Nordverschiebung,
die Haut registriert: Der Kontinent drif-
tet ab. Wasser wechselt mit Eis. Zunehmende Trübung,
Schlamm. Fehlt ein entscheidendes Motiv?

★

Säugetiere, der Siegeszug in frühen Resten.
Gab die Zitze, zog an sich, verletzlich jetzt. Nur
die frischeren Typen begannen zu testen.
Davon: Skelette, Kadaver, Wirbelsäulenfraktur.

So kehren sie wieder, abhängig vom Wetter,
meist März, April, wenn der Boden langsam taut.
Der Morgen noch kühl, später geht wer
Pizza holen. Im Anschluss weiter aeternitas abgebaut.

Maßstab organisch. Eiweiß und Panzeralgen
gingen in den Untergrund. Dem atemlosen Sinken bot
sich kein Ausblick. Spätes Licht fällt fahl gen
Himmel, Haut wundgescheuert, vulvarot.

Was macht man danach? Geht aus oder
isst allein. Rätselhafte Cocktails? Etwas pur?
Bis man auch das Flügelschillern durch Jahrmillionen
vergisst. In flacheren Träumen fossile Gravur.

★

Schachteln oder Kette: Käfer in Echse in Schlange
usw. Vom Mikro ins Makro gezoomt.
Lange sinkt das eine ins andre. Was seither
boomt, ist Füllung, ist Vorkommen: der direkte

Mitschnitt vom Lauf der Zeit, wenn einer Art,
dem Einzelstück, der Atem ausgeht, gleich ob
Kannibalenbarsch, Paläopython, ob zart
vegetarisch. Zuletzt versauern die Körper anaerob.

VOLKER DEMUTH

Sicher, die Atmo günstig für eine Ewigkeit.
Dann schlingern durch die Evolution, den See,
Bild und Spur. Und noch aus dem leisesten Schrei
wird ein Ohrwurm: Nimm auf, vergeh.

★

Die meisten werden schweigsam, andere kommen
nicht wieder. Zu lang der kurze Zeitraum, unbequem,
mit Beutefossil, Räuberfund. Sonst zu- und abneh-
mendes Licht, meist Wind. Äußere Ereignisse kaum.

Eine Katze, streunend, verirrt sich mal ins Camp, streicht,
scheu und fluchtbereit, mit verwildertem Blick
an den ausgepolsterten Kisten, den Vorfahren
vorbei, bevor sie sich schnell im Gelände verdrückt.

★

Zukunftsträchtige Manöver, Bylgia Hexadon,
schon damals im Rückwärtsgang nach vorn.
Ein kombinatorischer Markt? Lässige Ligatur
im Zufall, der den Dandy gibt?

Verkappt sind seine ästhetischen Allüren
bei Episode und Symmetrie. Dann immer
die gleiche Szene: etwas, das nach Luft schnappt.
Planlose Simulanten? Und hier am verregneten

Set: der Antipode? Ausgearbeitet Schuppe und
Struktur, rau und radial, im Härchen am Bein,
diesem sachten Flimmern, in jedem
Pieps formt sich die Rückkehr zum Futur.

Mit welchem Spielsystem, welchen Tricks
bleibt das oben in den späteren Tabellen?
Vom Rand des Felds ein stummer Befehl,
Form und Ereignis. Singulär in einigen Fällen.

Schwebend fast, getragen vom Wasserspiegel,
Ralle, Flamingo im Prä-Format, ein schwimmendes
Bouquet. Von Krokodilen gepflückt. Täuschender
Tiegel der Artenschmelze. In der Tiefe kein

Exemplar. Überhaupt: die großen Echsen, feine
Aufnahme und Wiedergabe, sprich: Tradition stabil,
die Kunst, schneller zu sinken, beinah 30 Steine
im Magen, noch heute an Ganges und Nil.

Flossen, Zähne. Untere Schichten, in diesem
tristen Terrain. Archive welcher Geister,
plötzlich berührt von einem neuen Licht,
kuriosen Fingern, in einer Lache aufgerührt.

★

Mit Gaskocher, Kaffeetasse, blechern, unter einer Zeltplane
hausend. Jemand, der im Schutt Geäst verbrennt.
Rauch füllt die Mulde, die Sickergrube. Zehntausend
Jahre biologischer Rapport: 1 m Sediment.

Blattrippen? Muster eines Flügels? Schuppenmoiré
oder was? Grube und Skala – descende.
Die Blöcke aufzublättern mit einem Dreh
am Messergriff, ermüdet und wo am Ende?

Juli, August … du gehst zurück, wirst
braun. Einen Sommer später ist es früher. Klar,
wenn du dich jetzt verlierst, verirrst
in der Zeit. Dein Gelände heißt: Maar.

*

Hier trat er auf: fehlendes Glied? Urahn
der Lemuren? Mit breitem Kiefer, das Rückgrat
freigeschält von Hobbysammlern. Seither fahn-
det die Systematik, umkreisen Hypothesen das Exponat.

Feststeht: Anwohner einer mittleren Lache,
heimisch im Geäst, sicher schwingend in jedem Baum.
Geborgen nun im Ölschiefer einer Industriebrache,
nicht von hier weggekommen, wechselte er den Raum.

Der springende Punkt: Pinzettengriff. Was
vieles fasslich machte. Stürzte, wo es lichter
wurde, er keinen Halt mehr fand. Ist das
schon ein Blick auf Bewusstseinsgeschichte?

*

Da standen wir, Mutanten, in Händen den Schiefer,
Gesetzestafeln einer spaltbaren Unendlichkeit.
Für einen Moment gastierte Sprache
in den dendritischen Fransen und Bordüren.

Wenn die Schneide, leicht schief wie Schreib-
werkzeug, von rechts nach links zwischen
steinernen Blättern sich sacht bewegt, als öffnete
sie, vormals, einen letzten, unerwarteten Brief.

Von dieser Welt sein: Was muss passieren,
damit es zu solcher Übersteigerung kommt?
Prosodie verketteter Proteine: Sprache ist
Leben? Gleichung mit zwei Unbekannten.

★

Und diese kleinen, wie zerbrechlichen Pferde –
einem Kinderzimmer im Traum entlaufen, prächtig,
stellt man die Platten zusammen, jene reglose Herde.
Und man sieht, drei der Stuten trächtig.

Abgesunken, gehoben, so liegen sie vor,
felliger Schwanz, die Rippen metrisch, in gleichen
Bögen laufend wie ein Abzählvers. Halb
zur Kugel gekrümmt, üblich bei Wasserleichen.

★

Gekürt: Zartschupper, zog hin oder schwebte
im Fächeln der Brustflossen mit steter
Strömung über kalkweißen Wanderpfaden,
den Gleisanlagen eines imaginären Morgen.

Kleiner Knochenfisch, leichter Flossenschlag,
hell wie ein Scheck im evolutionären Bankenraum,
gedeckt vom Schwarm. Ein leichter Tag,
am Himmel nur Flügelhautkontur.

Lautet die Rettung hier: Fossil des Jahres,
und teilt sie den sommerlichen Raum
in die alten Metamorphosen, die Gefahr des
Glücks, das zurück auf die Bildschirme springt?

VOLKER DEMUTH

Der Wirbelkörper vollständig verknöchert schon,
ist nachzulesen. Nach allem davor. Dann
noch ein Äon bis zum High End. Wer gratuliert?
Da blieb, was von anderen Körpern unverdaut.

★

Schildkröten, auch Bienen im Trieb vereint, oder Lust?
Dann nie mehr entkoppelt. Fach: Liebestod. Als liefe
die Sache innig weiter, fände einfach keinen Schluss.
Blieb letztlich die Beute lapidarer Archive.

Und dann ist Nebel, Blattfall. Doch hier zählt das Jahr
nach Ausschuss, Präparaten. Deponie Unterwelt.
Reihe, Schichten, Zahl. Ergebnis: was war.
Manchmal ahnt man noch, weiß fast, was fehlt.

Postskriptum

Seltsam, das Blatt lag da noch, ein September
vor Jahren, verwehter Tag zwischen Aufmacher,
Fortsetzungscartoon und Ringer-WM.
Neben irgendeiner Katastrophe blass

leuchtend an den Mündungen der Ströme
sieht man Algenblüten auf schaukelnden Feldern
und was dort schwamm und schwebte
versank, bedeckt von Sand und Meeresgrund,

unendlich langsam in der Zukunft, tiefen
Drucken, lichtlosen Bildern und wo
wäre jetzt eine Hand, bedächtig blätternd,
ein Pflaster seit gestern am schlanken Finger.

OZAN ZAKARIYA KESKINKILIÇ

jetzt nicht an gog
und magog denken

1.

stille nacht ist meine lieblingsfarbe, ein versteckspiel aus alten
kassetten. ich denke: zurückspulen, was gespult werden kann,
platz nehmen und verschwinden. der regen senkt die fuß–
spuren in die fahrbahn, und der wind streut fast vergessene
namen über die dächer der stadt. psst, grenzüberfahrt. wenn
die erinnerung auf wolken wandert, braucht die zunge kein
visum. ich denke: die morgendämmerung betrachten und das
meer bis auf den letzten buchstaben auslöffeln. alles andere
vergeht wie von alleine.

2.

in der dunkelheit bricht die stimme viel schneller als das
rotweinglas. klirrendes gelächter hat sich im staub verfangen.
wenn du mich fragst, nichts als dummes geschwätz, aber du
fragst nicht. es ist spät. spät ist es schon. ganz spät. im bade-
zimmernebel flackert die zedernluft. und dein hals schmeckt
nach mittelmeer. hörst du, wie es draußen trommelt? die
nachbarn klappen schon die plastikstühle verdächtig im in-

nenhof zurecht, und drinnen tropft dein gemurmeltes wie
kalter regen auf die zehen einer topfpflanze. ich denke: aus
den wolken brechen, platz nehmen und eine teerunde für
anrüchige münder schmeißen.

3.

aus beschlagenen fenstern auf sich in der ferne zeigen. und
vermissen, was es heißt, hier zu bleiben. gummistiefel und
der matsch aus einem kiefernwald. an manchen tagen zaunkönig. an anderen türkentaube. mit den flügeln den himmel
aufwirbeln wie anne mit dem löffel das kochende wasser. ein
mond festgekocht zum mitternachtssnack. ich denke: bleiben
und die hände im schlaf öffnen. das geflüster fangen, bevor es
in die kissen versinkt. was es heißt, sich in träumen zu sehen,
aber anders.

4.

mit dem kopf auf unübersetzten träumen. und der atem
rutscht quer auf der fensterscheibe entlang. was es heißt, zu
verdunsten und zu springen, aus dem rahmen in die sternen-
luft. eine brücke aus wolken. und der lärm unter den füßen
weit, weit weg. wo der hof ein kasino ist und nene die besten
karten in der faltrigen hand hält. was es heißt, wenn dich der
schrecken an den grauen haarzipfeln packt. ich denke: mit
dem finger auf sich in der ferne zeigen.

OZAN ZAKARIYA KESKINKILIÇ

5.

und der mond hat sich gespalten. jetzt nicht an gog und magog denken. jetzt alle erinnerungen auftürmen wie studenten die münzen im kaffeehaus. sumak in der sommerluft, pis-
tazieneis auf den lippen und mein erstes zulfiqar auf der brust.
samstag, überall stumme köpfe um den grill. und dieses gefühl, frei zu sein, wenn man geht ohne abschied zu nehmen.

SUSANNE NEUFFER

Topinambur oder Störung der Totenruhe

Dann tritt Stille ein. Nur noch die Axtschläge sind, von
weit her, aus dem Kirschgarten zu hören. (Vorhang)

Aufstehen, wachbleiben, die Totenwache halten. Sie ist aufgewacht von einer starken Übelkeit. Man könnte die Übelkeit mit dem Büfett des gestrigen Abends erklären (gelbliche
Saucen auf weißem Fleisch, das einmal ein Kalb war, aber
sie hat nicht davon gegessen). Oder mit Alkohol und den
Gesprächen. Sie hat aber kaum Alkohol getrunken. Den Gesprächen hat sie jedoch nicht ausweichen können.

Wenn wir die Erzählerin ICH sagen lassen, kommen wir nä-
her an sie heran. Nein, weg mit dem WIR. Erzählformen ablegen
wie alte Kleider. Es muss aber klar bleiben, dass es sich um eine
Geschichte handelt. Etwas Fiktionales. Diese üble Mode mit der
Autofiktion führt zu unangenehmen Missverständnissen.

Es ist ihre Geschichte, klar? Sie kriegt noch ein Leben, einen
Beruf, ein Umfeld. Sie hat etwas zu gestehen, dazu muss ich sie
ab und zu ICH sagen lassen. Aber nicht, dass jemand das falsch
versteht. Bitte.

Also Luft holen und noch einmal ansetzen:

Ich habe den Tod von drei Bäumen verursacht. Veranlasst.
Habe ich das? Die waren doch quasi tot, die hatten seit Jahren nur noch Todestriebe, zentnerschwere Todestriebe in ei-

ner Höhe, von der aus sie beim Umfallen in jeder Richtung gewaltigen Schaden angerichtet hätten, Hunde und Kinder erschlagen, Zäune zum Einknicken gebracht, Glasdächer zerschmettert.

Ich wiederhole Ausreden, Begründungen. Der Gärtner hat es gesagt, Magnus hat genickt, wenn auch zögerlich: Man sollte etwas unternehmen.

Ich habe etwas unternommen. Mein Nachbar, drei Häuser weiter, schreibt Drehbücher. Er sagt: Ich will keine Dystopien mehr schreiben. Es gibt aber nur noch Komödien oder Dystopien. Etwas anderes verkauft sich sowieso nicht. Manchmal kommt er auf einen Tee vorbei. Ich werde ihn mit dem Rücken zum Garten setzen müssen, aber das wird nichts nützen. Überhaupt wird es schwer werden, Leute einzuladen, das geht nur noch abends, solange es früh dunkel wird. Im Sommer kann ich niemanden mehr einladen. Und seit der Sache mit der Schlange gehen die Leute ohnehin nicht mehr gerne raus.

Ein vermeidbares Verbrechen ist begangen worden, noch am Morgen dachte ich: Ich sage ab, sie sollen wegbleiben mit ihren Leitern und Sägen. Hätten ja auch noch Särge mitbringen können. Säge und Särge. Im Angesicht des Unglücks sind Kalauer tröstlich.

Draußen sollte ich sitzen, Totenwache halten, im Nasskalten frieren und trauern. Eine Freundin hat von der Mode des Waldbadens erzählt. Damals. Als wir zusammen in den bedrohten Forst gefahren waren, an einem Sommertag voller Trauer und Zuversicht; halbnackte Menschen schaukelten in Wipfelnähe und machten oben in ihren luftigen Unterkünften die Hausarbeit, unten saßen die Unterstützer auf dem Waldboden und hielten einander singend oder schweigend an den Händen. Berittene Polizei zog still im

Gegenlicht über die angrenzenden Felder, als wir den Wald verließen.

Es wäre albern, die Baumstümpfe zu umarmen. Genauso gut könnte ich die Reste dekorieren, mit LED-Lämpchen zum Leuchten bringen; ein paar Meter Stamm sind übrig geblieben, auf meinen Wunsch hin, oben glatt und sauber abgeschnitten, ein Tanzplatz für die Eichhörnchen.

So also fühlt sich Panik an. Interessant. Panik hat also ihren Platz zwischen dem Herzen und dem Magen. Da, wo angeblich das Gelächter sitzt.

Dabei bin ich trainiert, denn jeden Tag kommt die Zeitung, jeden Tag gibt es Hintergrundberichte der schauerlichsten Art, und ich bleibe kühl, registriere, ob die Analysen stimmig sind, schlüssig sind.

Da ist die Vermutung, dies hier könnte der Anfang von mehr sein. Eine Erschütterung im Boden kann zu Verwerfungen führen. Eine gerissene Gasleitung, von einer noch zuckenden Wurzel hochgeschleudert, wartet auf eine brennende Zigarette. Der Wind fegt durch die neue Lücke, wirft einen anderen Baum auf einem anderen Grundstück um, der fällt auf einen bewohnten Kinderwagen.

Überhaupt: Der Fall. Das Fallen. The Fall. Und schon sind wir beim Sündenfall, und es muss einem die Schlange einfallen. Sie hat ihr Haupt erhoben, auf einem chinesischen Fischmarkt, und jemand hat ihr den Kopf abgeschlagen, sie gehäutet, in Scheiben geschnitten, zu kurz gebraten, und jetzt werden wir alle krank.

Die drei Waldarbeiter, deren Sprache ich nicht verstand, hatten geraucht bei ihrer Arbeit. Der jüngste wollte unbedingt als Erster sägen, kletterte hoch, brachte das Seil an, sägte unbeholfen, die anderen sahen nach oben, grinsten, rauchten weiter. Die oberen zwanzig Meter drehten sich, wurden in eine Richtung gezogen, die nicht gemeint war, krachten auf den Zaun, nahmen ein paar kleinere Bäume mit. Der Chef, der hier aus der Gegend kam, aber auch nicht leicht zu verstehen war, nickte, als habe er nichts anderes erwartet.

Gedanken an Neuanpflanzung kommen hoch, an Wiedergutmachung durch kletternde Gewächse, Hoffnung auf Wiederausschlagen der Stümpfe, die ja noch stehen. Die Hoffnung trügt. Es gibt keine Auferstehung für Bäume. Oder erst, wenn wir von der Erde verschwunden sind, dann kommen sie wieder, wildwachsend und fruchtbar, Futter und Schatten für die neuen Lebewesen, die dann aus dem Dunkel kommen.

Dies wird keine Autofiktion. Gebt uns eine Erzählung. Wir geben euch eine Erzählung. Und behauptet nicht, es komme nicht auf den Unterschied an. Lügen und Täuschen geschehen so leicht, so leichtfüßig. Ein Märchen, in dem alles wieder gut wird. Kann man das nicht verlangen? Sie schreibt manchmal etwas für das Reformhausmagazin oder die vegane Kundenzeitschrift der Drogeriekette, zarte Buchstaben auf saftgrauem Papier, fast unleserlich, ein Mangel an Kontrast. Das bringt ihr immer wieder einen Einkaufsgutschein ein oder eine kleine Schatzkiste mit Cremes und Ölen auf Hanf- oder Birkenbasis.

Einen kleinen Nachruf sollte ich schreiben, über Fichtennadeln sollte ich schreiben, über den Geruch, die Heilkraft, Fichtennadeln in der Badewanne und in kleinen grünsilbrigen Packungen, die früher in Badezimmern herumlagen. Der Trauer eine Form geben.

Im Weltmaßstab ist meine Reaktion überzogen: Andere verlieren Menschen, Vieh, Häuser, alles, was ihres ist, auch ihre Länder. Ich habe drei Fichten einkürzen lassen und

Tante Rotrauds Garten verstümmelt. Vorher war er nur wild, jetzt ist er verhunzt.

Irgendetwas müsste ich tun. Zu grünen Versammlungen gehen und dort das Maul halten. Mit schreienden Kindern durch die Stadt laufen, falls Schuldige da mitlaufen dürfen. Gute Freunde einladen und bei Wein und Salzgebäck DAR-ÜBER sprechen. Das Erstaunen und die begütigenden Differenzierungen aushalten.

Ein gewisses Bedürfnis nach Beichte, ein Bekenntnisdrang machen sich bemerkbar.

Einiges erhebt sich gegen mich. Wahrscheinlich alles, was Philosophie und Literatur zu bieten haben. Drei Fichten sah ich einmal. Oder was war das? Klingt wie ein Schubertlied. Kann jemand bitte ein Schubertlied schreiben? Aber Schubert ist auch tot, und ob es eine Auferstehung für Schubert gibt, steht noch dahin.

An dem Morgen, als das Fahrzeug der Gärtner vor dem Haus hielt, der Gedanke: Ich muss die Bäume warnen. Als könnten die ihre Wurzeln aus dem Boden ziehen und weglaufen. Das Bäumlein, das andere Wurzeln hat gewollt. Ja überhaupt die Wurzeln. Flachwurzler, hatte der Gärtner gesagt. Die fallen beim nächsten Sturm um. Diesen Herbst oder nächsten Herbst. Auf dieses Haus oder ein anderes.

Mein Freund der Baum ist tot, summt es in meinem Kopf. Das ist Kitsch!, sagt der Kopf, während er von der Melodie überrannt wird. Die drei starben nicht im ersten Morgenrot, sondern ein bisschen später. Kurz nach acht, wegen der Nachbarn. Leuchtest mir zum frühen Tod.

Mir ist immer noch übel. Vielleicht war da doch etwas vom Büfett, oder das Gerede von dem Typ, der diese Dinge sagte, die man in diesem Kreis nicht erwartet hätte. Noch nicht so bald. Es war der Polospieler, der mit dem gelben

Hemd, so gelb wie die Sauce auf dem weißen Fleisch. Er sagte routiniert und brutal Sachen, auf die niemand so schnell eine Antwort hatte, obwohl das höflich und notwendig gewesen wäre. Es war der Diskurs, vor dem gewarnt wurde und dem man sich zu stellen hatte, so hieß es in den Sendern und Zeitungen. Der Bundespräsident hätte vielleicht eine Antwort gewusst, aber der war ja nicht eingeladen. Und weil es so anstrengend war zu widersprechen, wenn der Polospieler seine Begriffe lässig und knallhart in die Runde warf (Klimadiktatur! Sozialmissbrauch!), wandte man sich dem Essen zu und kommentierte es mit kleinen, spitzen Schreien des Entzückens, bis ein anderer sagte, er habe vor Jahren mal in einer winzigen italienischen Kneipe ein Vitello tonnato gegessen, ein Vitello tonnato state of the art! Sein Mund war noch ein wenig voll gewesen, so dass *state of the art* nicht so deutlich herauskam, und ich fragte nach, er wiederholte: State of the art, sage ich euch!

Ich sollte mich nicht mit den Sünden der anderen aufhalten. Ich ziehe an einem sehr langen Splitter, es ist kein Splitter, es ist ein armdicker Ast, der in meinem Auge steckt und nicht herauswill, und da ist es zu billig, sich über andere zu erheben und zu kritisieren, dass, sagen wir mal, ein Zahnstocher in den Augen der anderen da sitzt, wo vielleicht sonst ihre Tränen herausrollen könnten – zum Beispiel über das Kalb, das nun ein Vitello tonnato state of the art geworden ist.

Der Zahnstocher, der Splitter und der biblische Balken sind allesamt aus Holz, auch Galgen und Kruzifixe sind aus Holz, auch der Pfahl, der im Fleische steckt, alles geschlagenes und gesägtes Leben – mein Kopf inventarisiert verlegen vor sich hin.

Das Begangene ist irreversibel, aber dennoch oder deswegen muss ich über Abhilfe, Ersatz nachdenken. Tante Rotraud hatte vorgesorgt, hatte vor Jahrzehnten in ihrem nackten, leeren Garten einen Sichtschutz für die späteren Generationen angelegt, allerdings Flachwurzler. Haus auf Sand gebaut, Flachwurzler gepflanzt. Wie kann man Flachwurzler pflanzen, ohne an die nächsten Generationen zu denken? Bis zum Schlachttag wusste auch ich nicht, was Flachwurzler sind.

Unten kann man vielleicht die Lücken füllen, mit Büschen, einer ordentlichen Friedhofsbepflanzung, vielleicht mit Topinambur. Ich lese, dass Topinambur eine schnell wachsende Kartoffel ist. Man muss sich dann entscheiden, ob man sie isst oder ob man sich von ihr beschützen lässt. Und sie heißt auch noch Jerusalem-Artischocke, was irgendwie komisch ist. Vielleicht steckt dahinter ein Versprechen, dass sich in der zerrütteten Landschaft meines Gartens bis Ostern etwas Wunderbares ereignen könnte.

Am schlimmsten ist es im ersten Stock. Wo Mias Kinderzimmer war und wo mein Schlafzimmer ist. Von da aus sieht man über die Stümpfe hinweg, und man sieht, dass auf dem nächsten Grundstück Menschen wohnen. Was nicht überraschend ist, aber die Illusion, dass da keine Menschen wohnen, sondern Bäume den Blick auf einen Fjord verdecken, ist weg. Jahrelang war der verborgene Fjord meine Zuflucht gewesen.

Rotes Dach, nettes Backsteinhaus, Gartenmöbel.

Ich sehe es kommen: Strickjacken, über eine Lehne geworfen, an den Wochenenden Dreiräder, ein Puppenwagen, ein Grill. Gegen das Sehen helfen keine Kopfhörer.

Ich habe mich den kommenden Stürmen gegenüber angemessen verhalten, Vorsorge getroffen. Andererseits hätte ich auch die gefährdete Abwasserleitung in Küche und WC sanieren lassen können, das wäre ebenso aufwendig und teuer und auf jeden Fall sinnvoll gewesen.

SUSANNE NEUFFER

Der Punkt ist erreicht, an dem unsere Protagonistin alle sieben Theoriezwerge um sich versammelt und um ihren Kommentar bittet, aber da kommt wenig. Offenbar fühlt sich eine falsche Entschei-dung besser an als keine Entscheidung. Angesichts des neuen Ohn-machtsgefühls, das ihre Generation auszeichnet, schien hier ein An-satz problemlösenden Handelns möglich: beschließen, veranlassen, bezahlen. Bereuen. Hinterher ist jedenfalls etwas anders geworden.

Da es sich keinesfalls um Autofiktion handelt, korrigieren wir die Berufsangabe der Protagonistin. Ratgeberartikel für Reform-hausmagazine zu schreiben ist nun das Allerletzte, einfach absurd. Unglaubwürdig, leben kann sie auch nicht davon, geschweige denn eine Baumfällaktion bezahlen.

Menschen finden es oft witzig, wenn ich sage, dass ich in einer Rahmenhandlung arbeite. Sie fahren sofort auf den Doppelsinn ab oder sagen etwas darüber, dass ja da alles schön im Rahmen bleibt, wenn man bei *Bilder-Rothmann* arbeitet. In der Tat ist es eine symbolisch mehrfach aufgeladene Tätig-keit: Menschen beraten, die ihre Bilder in kostbare oder we-nigstens handwerklich akzeptable Rahmen einpassen lassen. Passepartouts schneiden mit sicherer Hand, einem ruhig ge-haltenen Cutter, überhaupt ruhig. Ruhig in etwas schneiden, das einmal ein Baum war, und nun ist es so leicht zu zerteilen, so geräuschlos. Ohnehin geht es um Holz, das schöne, lange abgelagerte Holz, das alte Holz, das Testament der Bäume (das sage ich immer den Kunden, die nach Kunststoffrahmen fragen und Holz zu teuer finden), und wenn ich »Testament der Bäume« sage, werden sie weich um den Mund und ent-schließen sich doch für das Echte, wie sie sagen.

Sie können gut verkaufen, sagt mein Chef (auch wenn ich handwerklich nicht so fit bin). Ich bin ja eine Reing-schmeckte, wie er das nennt. Das Verfugen der Rahmen (es soll kein Staub eindringen) macht er lieber selbst. Aber Papier kann ich schneiden, ich schneide wie ein Chirurg, wie ein guter Metzger, wie ein guter Friseur: sanft, sicher, scharf.

Ich muss mit Folgen rechnen. Mit einem schweigsamen Shitstorm aus der Nachbarschaft, einem kritischen Artikel im Lokalblatt. Einem schwärzlichen Übergang aus der Panik in die Depression.

Und Magnus? Wird er dem Garten den Rücken zuwenden, um das Unglück nicht zu sehen? Wobei sich die Frage stellt, worin das Unglück besteht. Man sieht nur gepflegte Grundstücke, auf denen sich meistens nichts tut. Magnus, der Flugbegleiter ist und das immer noch gerne, wird vielleicht auch weiterhin ungerührt auf dem Balkon sitzen, gelegentlich den Kopf von der Zeitung heben, sagen: Oh, oh, 394 aus Dublin, das schafft ihr nicht mehr pünktlich!, und zusehen, wie sich die Maschine in den nahen Flughafen zu bohren scheint.

Vielleicht wird Sex helfen, wenn Magnus aus Singapur zurück ist. Sex soll doch helfen, sexual healing. Oder Sex mit dem teetrinkenden Drehbuchautor. Auf ein Fehlverhalten kann man skrupellos noch weitere draufpacken. Aber der Drehbuchautor hat einen sehr gutaussehenden Freund, und wahrscheinlich tröstet Sex ohnehin erst, wenn man schon ausreichend getröstet ist, um Sex haben zu wollen. Dazu kommt, dass die Bäume ja weggekürzt sind und ich in meinem Schlafzimmer nackt vor der ganzen Welt daliegen würde, ungeschützt.

Es wäre doch konsequent gewesen, auch die Stümpfe beseitigen zu lassen. Ich nähre mich von der großen Wunschtorte Illusion, dass die Bäume wieder ausschlagen, aber die Stämme sind so vom Efeu durchwirkt, dass es eigentlich nur noch das Efeu ist, das die Holzleichen aufrecht hält, tote Zinnsoldaten, die noch nicht umgekippt sind. Vielleicht kann man das übrige Holz verwerten? Ich habe mich beschützend davor gestellt, als die Holzarbeiter es abtransportieren wollten. Sie haben nur die Köpfe geschüttelt und ihre Leitern und Sägen eingepackt.

Mia kommt zum Frühstück, es lässt sich nicht verhindern, dass sie irgendwann aus dem Fenster schaut. Ihre Augen werden groß, ganz rund. Sie macht eine Bemerkung über ihr Kinderzimmer im ersten Stock. Sie sagt: Ich habe denen immer vom Bett aus beim Wehen zugesehen, sie haben mit dem Kopf genickt, vor allem der mittlere, das war der König. Die anderen waren der Prinz und der Zauberer.

Blass ist sie geworden und hört sich meine Erklärungen an, nickt höflich. Na ja, es kann ja nicht alles so bleiben, wie man es in Erinnerung hat, sagt sie dann.

Mia geht auffällig schnell wieder, sie muss noch was an ihrer Bachelorarbeit machen. Weil ja ohnehin alles miteinander zusammenhängt, geht es in dieser Arbeit um das Eindringen industrieller Bildwelten in die Literatur der Romantik. Nichts Besonderes, sagt Mia. Eher eine Such- und Fleißarbeit.

Wozu ist Literatur da? Die Frage muss doch jetzt einmal gestellt werden. Vielleicht gibt es Gedichte über Sägewerke, den Geruch frisch geschlagener Bäume, blutiges Harz auf Waldwegen, auf Holzwegen. Fichtennadellyrik.

Wie es wäre, einen Psychologen aufzusuchen und ihm zu erzählen: Ich habe drei Bäume niedermachen lassen, um Sturmschäden zu vermeiden. Bitte bearbeiten Sie die Schäden, die stattdessen eingetreten sind. Das Fass, das er dann aufmacht, man könnte es aus dem Holz der Opfer bauen, ein riesiges Fass voll mit giftigem Zeug. War nicht toxisch mal das Wort des Jahres? Wenn man einen Psychologen da ranlässt, wird die Sache riskant.

Raskolnikow bekommt Fieber nach der Tat. Andere reuige Mörder sitzen in den Gefängnisbibliotheken und studieren Philosophie oder Theologie. Vielleicht wäre Frommwerden eine Lösung. Immerhin habe ich mich gegen die Schöpfung vergangen. Deshalb ist ja auch die Schlange auf dem chinesischen Markt aufgetaucht und hat sich für jede Art von Metapherngebrauch zur Verfügung gestellt.

Sie ist auch schon längst in unserer Straße angekommen, immer wieder erzählen die Nachbarn von einer armdicken Schlange, die aus dem Terrarium dieser Leute da hinten in der Siedlung entwichen sein soll und manchmal über die Fahrbahn gleitet. Offenbar ist sie nicht einzufangen. Falls es sie gibt.

Im Grunde warte ich auf einen anständigen Sturm, einen, der mir Recht gibt, in dem er mit den Nachbarbäumen Furchtbares anrichtet und bei mir nichts mehr anrichten kann, weil ich ihm alles schon aus dem Weg geschafft habe. Aber die Stürme sind unkalkulierbar, man kann sich nicht auf sie verlassen, sie können auch einfach vorbeiziehen, aus der Ferne schrill pfeifend: Das wäre doch wirklich nicht nötig gewesen.

Da ist weit und breit niemand, den ich um Verzeihung bitten könnte. Ein schriftliches Geständnis nützt nur dem Verfasser, reiht sich ein in die ehrwürdige Tradition der Confessiones. Nimmt ein wenig den Druck von Magen und Bronchien und Zwerchfell.

Ich könnte umziehen, falls mir jemand Tante Rotrauds verwitterte Bude abkaufen will, in ein anderes Haus, das von Bäumen und Büschen umstanden ist, ein Haus am Meer, in großer Weite, bezahlbar, weil es bald überschwemmt werden wird.

SUSANNE NEUFFER

Es gibt Zeichen von Hoffnung: Die Eichhörnchen haben sich neue Wege gesucht, springen jetzt in mittlerer Höhe von Baum zu Baum, nicht mehr von Wipfel zu Wipfel, eher so wie die Affen im Zoo, die sich mit Seilen begnügen müssen. Aber sie schwingen.

Und da ist die Öffnung. Sie zwingt nicht nur zum Blick auf die Nachbarhäuser, was ein verzichtbares Vergnügen ist, sondern ist ein rundes Loch in der Höhe, ein Einfallstor.

Für die Morgensonne, für die Außerirdischen, für Epiphanien, im günstigsten Fall für Einsichten.

NORBERT AUTENRIETH

Vogelschiss

Montag

Als Friedrich die Augen öffnete, sah er über sich, auf dem Dachflächenfenster schräg über dem Kopfende seines Betts, einen Fleck. Er hatte die Größe eines Zwei-Euro-Stücks, rund, aber mit etwas ausgefransten Rändern. Oben, also nicht der Neigung des Daches folgend, war eine kleine, tropfenförmige Ausbuchtung des Flecks zu bemerken. Dies kam ihm, der viel auf physikalische Gesetzmäßigkeiten hielt, seltsam vor. Der Fleck war von weißlich-schleimiger Farbe, durchscheinend. Offenbar handelte es sich um einen Vogelschiss. Von welchem Tier? Für einen kleinen Singvogel wie Meise oder Fink, die seinen Garten recht lebhaft bevölkerten, kam ihm die Größe zu erheblich vor. Vielleicht konnte man eine Amsel verantwortlich machen oder sogar eine jener Elstern, die bisweilen den Garten unsicher machten. Wie diese Hinterlassenschaft zustande gekommen war, hatte er nicht bemerkt. Wahrscheinlich war sie im Flug erfolgt und, während er schlief, auf sein Fenster geplatscht. Er verschränkte die Arme hinter dem Kopf und betrachtete den Fleck. Eigentlich ein Fleck ohne jede Aussage, langweilig, außer zum Entfernen zu nichts nütze. Und auch das konnte man getrost abwarten, bis es der nächste Regen besorgte.

Dienstag

Friedrich hatte an den Fleck nicht mehr gedacht, bis er am Morgen aufwachte und der Vogelschiss sich noch immer an derselben Stelle befand – wo auch sonst? Allerdings hatte er sich verändert. Nicht die Gesamtform, die war gleich geblieben. In der bisher einheitlichen, weißen Fläche aber befanden sich fünf beinahe perfekt runde, dunklere Flecken von zirka fünf Millimetern Durchmesser. Sie waren in etwa gleichem Abstand voneinander und auch zum Rand des Plackens verteilt, ja angeordnet, als hätte sich jemand die Mühe gemacht, für eine symmetrische Gestaltung zu sorgen. Natürlich war das alles ein Zufall. Offenbar hatte der Vogelkot einige festere Rückstände enthalten, die jetzt sichtbar geworden waren. Auch hatte er den Eindruck, dass die Farbintensität des Flecks insgesamt etwas nachgelassen hatte. Darauf führte er zurück, dass er die dunklen Punkte gestern nicht bemerkt hatte, da das Verblassen des Flecks sie erst zum Vorschein gebracht hatte. Er überlegte, dass es, würde man den Vogelschiss untersuchen, anhand der wohl festeren, nun sichtbaren Rückstände möglich wäre festzustellen, um welche Vogelart es sich handelte. Natürlich nur von einem geübten Ornithologen. Aber wem sollte dies nützen?

Mittwoch

Nachts hatte es leicht geregnet. Als er erwachte, rechnete er damit, dass von seinem Fleck so gut wie nichts mehr übriggeblieben war. Beinahe war er etwas traurig darüber – ein Gedanke, den er gleich als blödsinnig einstufte. Er sah etwas zögerlich hinauf, in der Erwartung, nichts mehr oder nur noch einen Anschein des Flecks zu bemerken. Wie groß aber war seine Überraschung! Zwar war der Fleck tatsächlich ein Stück durchscheinender, gräulicher geworden, aber an den Rändern hatten sich links und rechts je zwei kleine, längliche Ausbuchtungen gebildet. Auch sie standen sich beinahe symmetrisch gegenüber. Mit der noch immer vorhandenen tropfenförmigen Ausstülpung am oberen Ende ergab der Vogelschiss nun eindeutig die Form einer Schildkröte. Verstärkt wurde dies dadurch, dass die dunkleren Flecken im Inneren den Eindruck eines Panzers unterstrichen. Er betrachtete die entstandene Figur lange, als wolle er sich vergewissern, dass die Schildkröte tatsächlich vorhanden war. Und er war fasziniert von dieser Verwandlung, als hätte irgendwer ein Bild malen wollen, um seinem Aufwachen einen Sinn zu geben. War es nicht ein wunderbarer Gedanke, wie aus einem unbedeutenden Etwas, quasi einer Ursuppe, etwas Ästhetisches entstehen konnte?

Da beschloss er, das Fenster während des Tages und auch beim Zubettgehen nicht zu betrachten, um sich die schöne Überraschung am Morgen zu erhalten.

Donnerstag

In dieser Nacht hatte es stärker geregnet, so heftig, dass er davon aufgewacht war. Er hatte sofort an seine Schildkröte gedacht. Wahrscheinlich würde sie diese Nacht nicht überleben. Er hatte eine Zeitlang nicht einschlafen können und hin- und herüberlegt. Sollte er nicht mittels einer Taschenlampe den Zustand seiner Schildkröte erkunden? Vielleicht konnte er sie noch ein letztes Mal sehen, bevor sie sich im Regen auflöste? Er hatte den Gedanken aber verworfen und schließlich entschieden, die Inspektion wie immer unmittelbar mit dem Aufwachen zu verknüpfen. Er hätte es als unge-

NORBERT AUTENRIETH

bührliche Inkonsequenz empfunden, diese Regel zu durchbrechen. Ja, es erschien ihm wie ein Sakrileg, gegen dieses Gebot verstoßen zu wollen.

Als er am frühen Morgen erwachte – ob aus Begierde, nach dem Fleck zu sehen, oder aus dem bloßen Bedürfnis, die Toilette aufzusuchen, war ihm selbst nicht klar –, als er also erwachte, richtete er seinen Blick im dämmrigen Morgen zunächst auf das Fenster über ihm. Er fürchtete sich vor dem, was ihn erwarten musste, dass nämlich nicht allzu viel oder gar nichts mehr von seiner Schildkröte übriggeblieben wäre. Umso mehr überraschte es ihn, dass sie erstaunlich intakt geblieben war. Seine Schildkröte war immer noch als Schildkröte erkennbar. Er freute sich. Das linke vordere Bein war ihr allerdings bis auf einen winzigen Stummel abhandengekommen und das rechte hintere war zwar noch vorhanden, aber vom Körper abgetrennt. Aber man sah, dass es offensichtlich zu dem Tier gehört haben musste. Das sah man ohne Weiteres. Ob sich eine Schildkröte wohl auf zwei Beinen fortbewegen könnte? Würde sie es schaffen, ihr rechtes vorderes und ihr linkes hinteres Bein so zu koordinieren, dass sie ohne Schlingern vorwärts kriechen könnte? Wenn sie die Richtung nach rechts ändern wollte, würde es wohl genügen, nur das linke hintere Bein zu bewegen, wenn eine Richtungsänderung nach links angesagt wäre, das rechte vordere.

Vielleicht hatte auch die Farbe weiter nachgelassen, war das Gebilde insgesamt noch blasser geworden. Aber da konnte er sich auch täuschen. Auf jeden Fall präsentierte sich da immer noch seine Schildkröte auf dem Fensterglas. Er sah es zumindest deutlich. Ob das ein anderer auch so sehen würde? Für einen Moment kam ihm die Idee, seine Frau auf den Fleck aufmerksam zu machen und so zu überprüfen, ob auch sie eine Schildkröte erkennen würde, er verwarf aber den Gedanken sofort wieder. Erstens war es *seine* Schildkröte, deren Existenz sein Geheimnis bleiben sollte, das er mit niemandem teilen wollte. Wahrscheinlich war sie nur für ihn erkennbar und würde, wenn er sie jemandem anderen zeigte, für immer verschwinden. Und außerdem bestand die Gefahr, dass seine reinliche Frau den Vogelschiss – den die Schildkröte ja wirklich darstellte, das war nicht zu leugnen, so viel musste sein wissenschaftlich geschulter Verstand zugestehen – einfach wegwischen würde.

Also beschloss er, nichts zu sagen, aber aufzupassen, sollte seine Frau seinen Schlafraum betreten, damit er notfalls die Entfernung seiner Schildkröte verhindern konnte. Und so achtete er den ganzen Tag über darauf, ob seine Frau ins Obergeschoss ging. Er ging ihr dann nach und machte sich am Bücherregal in seinem Zimmer zu schaffen. Aber sie betrat sein Zimmer gar nicht. Einmal fragte sie ihn tatsächlich auf der Treppe, ob er ihr nachschleiche. Doch sein Hinweis auf die zufällig zeitgleiche Suche nach einem Buch genügte als plausible Erklärung.

Was sollte er nur tun, wenn er ab Dienstag wieder arbeiten musste? Er verdrängte den Gedanken, so gut es ging – das Ganze war wohl doch ein wenig verrückt, sagte ihm sein Verstand.

Freitag

In der Nacht wachte er auf, weil es ihn fror. Hatte der Wetterbericht recht gehabt? War es noch einmal kalt geworden Ende März? Er warf einen Blick auf das Dachflächenfenster. Keine Eisblumen blühten. So kalt war es denn doch nicht. Und damit wohl auch keine Gefahr für seine Schildkröte. Er

NORBERT AUTENRIETH

kuschelte sich beruhigt in seine Bettdecke und schlief bald wieder ein.

Als er in der Morgendämmerung wieder erwachte, zeigte ihm das Fenster keine Schildkröte mehr – beinahe makellos war die Scheibe. Er war enttäuscht. Der Regen hatte nicht viel bewirken können, und das bisschen Frost hatte ihr den Garaus gemacht? Seltsam. Und schade. Er hatte das Gefühl, ihm sei etwas Wertvolles verloren gegangen. Er fühlte auch eine gewisse Schuld darüber, die Schildkröte nicht irgendwie bewahrt zu haben. Noch war es zu früh um aufzustehen. Er drehte sich auf die Seite, versuchte nicht an die Schildkröte zu denken und wieder einzuschlafen.

Es gelang ihm. Er träumte, dass er auf einem Waldweg spazieren ging. Er war auf der Suche nach seinem alten Lateinlehrer. Er hoffte, Menschen zu begegnen, die er fragen konnte. Doch wenn ihm ein Spaziergänger entgegenkam, den er fragen konnte, fiel ihm nicht mehr ein, nach wem er eigentlich suchte, geschweige denn, wie er ihn denn beschreiben könnte. Ja, manchmal, wenn er sich einem Wanderer oder Spaziergänger näherte, begann sich dieser vor seinen Augen aufzulösen, in einem Nebel zu verschwinden. Umso größer wurde seine Sehnsucht nach seinem alten Lehrer, der ihm in seiner selbstgewählten Schrulligkeit als Ideal erschien. Er begann zu verzweifeln und immer schneller durch den Wald zu laufen.

Als er aufwachte, schien die Sonne durchs Fenster. Er erinnerte sich an seinen Traum, dessen Motiv er nicht entschlüsseln konnte. Ein furchtsamer Blick nach oben: Da war sie immer noch. Die Sonne hatte sie wieder zum Vorschein gebracht. Seine Schildkröte. Wahrscheinlich war es früher am Morgen einfach noch zu dunkel gewesen. Und schlafen Schildkröten nicht über Nacht in einem Versteck? Ach, sie hatte sich nur versteckt, um ihm dann eine doppelte Freude zu bereiten.

Eigentlich war sie im Sonnenlicht noch schöner als vorher. Er war geradezu begeistert. Der Panzer zeigte nun die feine Struktur zerknitterten Leders oder wie von feinrissiger Baumrinde. Die dunklen Flecken waren verschwunden, aber das schadete nicht im Geringsten. Er stand auf. Der Tag war gerettet. Jetzt musste er die Schildkröte wie bisher in Ruhe lassen, durfte keinen Blick mehr auf sie werfen. Sie war eben ein scheues Wesen. Er war überzeugt: Wenn er sich nicht an diese Bedingung hielte, würde sie für immer verschwinden.

Samstag

Wie so häufig, war er wieder in der frühen Morgendämmerung erwacht – es war nur ein Anschein von Helligkeit, der durch das Fenster ins Zimmer fiel. Er blickte hinauf zur Glasscheibe über sich, um nach seiner Schildkröte zu sehen. Sie war nicht da, so angestrengt er auch suchte. Er hätte es wissen müssen. Er hatte seine eigene Regel gebrochen und sich wieder zu sehr und vor der Zeit um sie bemüht. Gleichzeitig fuhr ihm durch den Kopf, wie unsinnig ein solcher Gedanke war. Wo er doch jeden Aberglaubens und jeder Esoterik abhold war. Aber richtig einschlafen konnte er nicht mehr – er wälzte sich hin und her und versuchte das Grübeln um seine Schildkröte zu verscheuchen und an etwas anderes zu denken.

Es dauerte fast eine Stunde, bis die Sonne über das Dach geklettert war und auch sein Fenster bestrahlte. Und als er es wagte, wieder einen Blick auf die Scheibe zu werfen, war sie wieder da – sie funkelte direkt, stärker als gestern, so schien es ihm. Beinahe wie Schneekristalle in der Sonne sah die

Panzeroberfläche aus. Und auch ihre Behinderung fiel heute weniger auf als gestern. Ja, so eine Schildkröte war zäh. Ein urtümliches Tier, dessen Vorgeschichte bis in die Zeit der Dinosaurier zurückreichte. Er wusste auch, dass Schildkröten uralt werden konnten. Wie alt wohl seine Schildkröte werden würde? Leider konnte er gar nichts tun, um sie möglichst lange am Leben zu erhalten. Oder vielleicht doch? Sich selbst zu beschränken, was den Umgang mit ihr betraf. Es hatte ja wohl auch nichts mit mystischen Anwandlungen zu tun, wenn er sich ein kleines morgendliches Abenteuer erhalten wollte. Ein ganz harmloses, von dem seine Frau einmal nichts wusste.

Sonntag

Heute wartete er, bis die Sonne mit Macht ins Zimmer schien. Gespannt warf er vom Bett aus einen ersten Blick nach oben. Nichts. Er strengte seine Augen an, zwickte sie zusammen: Das gab es doch nicht! Warum sollte seine Schildkröte auf einmal verschwunden sein? Kein Regen heute Nacht, allzu kalt war es auch nicht gewesen. Keine Spur war von ihr geblieben. Er war enttäuscht, ja sogar traurig. So schnell hatte er nicht mit dem Ende der Freundschaft gerechnet. Gleich schalt er sich selbst: Eine Freundschaft zu einem Vogelschiss! Das war ja lächerlich! Trotzdem wollte ihn sein wehmütiges Gefühl nicht verlassen.

Er stand auf und warf noch einen Blick auf das Fenster. Da war sie! Von der veränderten Perspektive aus sah er sie deutlich. Er freute sich. Na also! Sie hatte ihn nicht verlassen. Er hätte sie am liebsten gestreichelt. Offensichtlich kam es auf den Blickwinkel an, damit sich das Tier zeigte. Und eine andere Erklärung gab es auch: Natürlich veränderte sich die Position der Sonne am Morgen je nach Uhrzeit und durch den geänderten Sonnenstand ein wenig. Das galt es zu bedenken. Wie immer kam es darauf an, von wo aus man die Dinge betrachtete. Er ging etwas näher an die Scheibe heran und da sah er, dass sich eine weitere kleine Veränderung ergeben hatte: An der Stirn der Schildkröte befand sich ein schmaler, blassroter Strich. Wie eine Verletzung, dachte er sofort. Als hätte sie sich den Kopf gestoßen. Sie tat ihm leid.

Montag

Heute war er schlauer. Er versuchte gar nicht mehr vom Bett aus nach seiner Schildkröte zu suchen. Tatsächlich war sie da, als er nach dem Aufstehen das Fenster inspizierte. Klar und deutlich, soweit das Bild überhaupt als klar und deutlich zu bezeichnen war. Wieder fragte er sich, ob jemand anderes als er in dem Fleck überhaupt eine Schildkröte erkennen könnte? Er dachte wieder an seine Frau und verwarf den Gedanken augenblicklich. Da war wohl kaum Verständnis zu erwarten, eher drohte der Putzlappen. Außerdem kam es ja wirklich nicht darauf an. Es genügte doch, wenn er Bescheid wusste. Wenn für ihn die Schildkröte eine Bedeutung hatte. Für ihn war sie das, an was er sich halten konnte.

Er ging etwas näher heran. Hatte sich etwas verändert? Nein, halt, doch, der rote Stirnrand war weg! Die Schildkröte war wieder geheilt. Da schau an, dachte er. Was es nicht alles gibt!

Dienstag

Heute begrüßte er seine Schildkröte in der Früh mit einem fröhlichen: »Na, auch schon wach?« Die Sonne, die an einem tiefblauen Himmel stand, tat ihr offensichtlich gut. Naja, wechselwarme Tiere, ganz klar. Direkt makellos war sie, fand er, wie der Himmel über ihr. Beschwingt machte er sich auf in den neuen Tag.

Seine gute Laune konnte er den ganzen Tag über bewahren, die Arbeit ging ihm rasch von der Hand. Auch die Kollegen schienen ihm heute besonders nett zu sein. Mit seiner Frau wollte er mal wieder einen Abendspaziergang machen – vielleicht konnten sie sich ja auch ein Stündchen zu Paul in die Weinstube setzen. Allerdings konnte er den Gedanken nicht verscheuchen, seine Schildkröte könnte in seiner Abwesenheit verschwinden, und das verursachte bei ihm ein Gefühl von Angst und Hilflosigkeit.

Als er das Haus betrat, kam seine Frau gerade die Treppe zum Dachgeschoss herunter. Sie hatte einen Eimer in der Hand. Nein! Ihm schwante Schreckliches. Sie kam auf ihn zu und drückte ihm einen Kuss auf den Mund. Er stand steif da. »Na, schlechter Laune?«, fragte sie. Er sagte nichts. »Heute habe ich endlich mal wieder die Dachflächenfenster geputzt. Da hat man ja kaum mehr hinausschauen können! Und deines hatte sogar einen dicken Vogelschiss! Hast du wahrscheinlich gar nicht gesehen.« Er gab keine Antwort. »Was hast du denn?«, fragte sie. »Du hast meine Schildkröte umgebracht!«, sagte er spontan mit zitternder Stimme.

Abends schlief er mit dem tröstlichen Gedanken ein, dass er – wenn er nur jeden Morgen nach dem Aufwachen aufpasste – einen neuen Gefährten finden könnte.

SIMONE SCHARBERT

Vom Rand aus

Wovon hier zu sprechen sein wird: vom Rand, der; ahd. *rand,*
rant; mhd. *rant*; ags. *rand, rond,* vom Rand als *eine allgemeine*
bedeutung, von rand wenigstens als etwas umgebendes, einfassen-
des wird sicher anzunehmen sein[1], so liest es sich bei den Gebrüdern Grimm, in ihrem Wörterbuch, ihr Rand umgebend,
einfassend, schön klingt das. Nach Ruhe, Geborgenheit, nach
Schutz auch, von Schild ist die Rede, als ob der Rand Sicherheit gäbe, wehrhaft wäre, fragt sich nur: Wofür? Eine von
vielen Fragen am Rand, Randnotiz also, Marginalie, klein-
geschrieben, notiert, nicht sichtbar, *Les vrais riches, Notizen*
am Rand[2], wie so vieles, was in Tagebüchern geschrieben
und nichtgeschrieben worden ist. Heute. Damals. Die Zeit,
auch sie ohne Rand, *hier heißt es gegenwärtig sein*[3], lesen, dem
dichterischen Bild folgen, es auffächern, sich einlesen, in Geschichten vom Rand, Berichte, etwa in die Tagebücher der
Alice James (1848–1892), in ihr journal, ihren *geysir of emo-*
tions, so wie sie selbst ihr Schreiben bezeichnet, das aus der
Begrenzung heraus entsteht, *from my centimetre of observation*[4].
Darin ihre Konzentration auf einen Punkt: körperlich, räum-
lich. Die Begrenzung, der Rand weniger Schutz als Abschot-
tung, ein Rückzug ins Innen, der wiederholte Ruf nach *bring*
mir die Welt[5], den keiner hört, weder die beiden berühmten
Brüder Henry und William, vielreisend, noch der Vater, viel-

lesend, während Alice im Bett liegen muss, eine Prinzessin auf der Erbse, die Verdichtung des Raums zur Ruhestätte, das mikroskopische Feld, abgegrenzt von der Gesellschaft, von Entwicklungen und Neuerungen, die eigene Wahrnehmung darin nicht gesellschaftskonform, ein stetes Verpuffen in Gesprächen, mein Geist hat keine Größe,

(im Finstern wohnen)

verstärkt durch die Idee ihres Vaters und die medizinischen Ansichten ihrer Zeit, denen zufolge Frauen den Geist ruhig zu halten hätten, für Alice James der Weg ins Bett. Nicht nur für sie die folgenreiche Diagnose der *Hysterie*, die viele Frauen, ihr Denken, ihr Leben, ihr Werk, an den Rand der Gesellschaft drängt, sie von Bildung ausschließt, sie in den schwer zu bestimmenden Wahnsinn treibt, an den Rand, von wo sie schreiben, arbeiten, eine Verkehrung der Welt, *wohingegen ich einen Überblick haben kann, im Geiste*, von außen, von oben, *vom Schnabel eines Vogels gehalten*[6], auf den *saum einer tiefe, schlucht, eines grabens, abgrundes, grabes*[7] blickend, auf ein Geschehen, das Alice James lange Zeit nur aus der Beobachtung erlebt, *nicht auf die dunkle Höhlung, die das Zimmer abschließt*[8], sie selbst als Ausgangspunkt des Geschriebenen, weniger inhaltlich als perspektivisch. Die Zuschreibung des Blicks, eine fehlende Ordnung der Unsichtbarkeit, *sehen wir oder werden wir gesehen?*[9], und falls ja, was wird von uns gesehen? Von mir, von dir, von uns. Und wo ist das Ich? Auch davon muss die Rede sein.

(An unzugangbaren Wänden)

Eine Gratwanderung, ein Balanceakt, dieser Weg. Schwebend, die Angst vorm Fall. Ein *zu schreibender*, also *zuschreibender* Prozess, für Frauen, immer dann, wenn sie Neues proben, den

Raum verlassen, Grenzen überschreiten. Ein Prozess, zwei-
gepolt. Innen. Außen. Gesund. Krank. Normal. Wahnsinnig.
Der seine eigene Geschichte hat, die selten sichtbar wird, ein
weites Feld ist, *the study of women, madness and mind doctors has
its own history*, viele Geschichten, viele Namen, angefangen
bei Mary Lamb und Virginia Woolf hin zu Sylvia Plath oder
Anne Sexton, ein Herausschälen von Besonderheiten auch,
*what came clear in that major study was that a particular period's
definitions of appropriate femininity or masculinity were closly
linked to definitions of madness*[10], der zu bestimmende Wahnsinn also, weiblicher Wahnsinn, das Immerwährende, die ki-
chernde Hysterie am Rand der Gesellschaft, *not conforming
to a norm risks the label of deviance or madness*[11], ein Risiko,
ein sich Nichtanpassen, darin keine Entscheidung, zumindest
nicht die eigene, sondern die Zuschreibung von außen.

(Ein Bild zu bilden, und ähnlich)

Neue Pole, *Leben oder Theater?*, in den Worten, Bildern von
Charlotte Salomon, mehr als 1300 Gouachen, die sich in-
einanderfügen, ein dichtes Gewebe aus Farben, Sprachfet-
zen, Melodien, der Klang, der Ton einer Zeit, *ein Singspiel*,
lose Folgen, darin festgehalten das eigene Leben, die eigene
Geschichte erzählt, aber auch europäische Geschichte, die
Flucht, die Verfolgung in den 1930er Jahren, der Holocaust,
die Angst davor, das Leben einer Frau, nur knappe 25 Jahre, und kein Wort für dieses Gebilde, für den letzten Anker
des Schreibens, des Malens, *da ich selbst ein Jahr brauchte, um
herauszufinden, was es mit dieser merkwürdigen Arbeit auf sich
habe*[12], das so viel in sich vereint, so schwer zu fassen ist, so
eindrücklich, prägend, und sich doch für die Öffentlichkeit
erstmal verliert, erst spät entdeckt wird. Exemplarisch, hun-
dertfach, nicht nur das Auftauchen, sondern *diese Mischform,*

SIMONE SCHARBERT

die Mannigfaltigkeit der Ausdrucksweise, gehört zu den wichtigsten Merkmalen des echten, nicht literarischen Tagebuchs[13], und was bedeutet *echt* in diesem Kontext, wer kann so ein *echt* transportieren, wer ist dieses *Ich*, wer schreibt, auch davon muss die Rede sein, und weiter also,

dem Ich nach,
(Zu Schauen das Licht. …)

wonach die Suche ist: Nach jenem Ich (nach Rettung auch), *in allen lagen die erste person singularis, den welcher redet, meinend, begleitet ich in der regel die verbalform*[14], eine Begleitung aus Sprache, die Anwesenheit des Textes, eine Doppelung des *Ich* im Schreiben und Geschriebenen, auch hier, an diesem Punkt des Schreibens, an dem *Ich* also *mein ich* eine Verfassende und die Zuschreibung ineinander bringt, aktiv und passiv, von *echt* ist weiterhin die Rede, immer wieder, von authentisch, aber auch hier nur am Rand, das *Ich* versteckt sich im Schreiben, *The Hidden Self*, und doch ist das *Ich* so präsent, Ansprache und Antwort zugleich, fremd und bekannt, das vertraute *Inconnue* der Alice James, eine Anrufung der eigenen Person, des *Dus* oder eben des *Ichs*, und weiter, *Ein Zapfen: Eure Welt*, heißt es bei Ingeborg Bachmann, *Ihr: die Schuppen daran*[15], vom *Ich* erstmal nicht die Rede, vielmehr von der zeitgenössischen Dichtung und ihren Problemen, in den 50er und 60er Jahren, und doch, wenig später, *vom Ich möchte ich sprechen*[16], das ich als *Ich*, das es herauszufinden gilt, und wie es sich beim Schreiben verhält, *schreibe ich über das Schreiben heute, trifft mich das Spiegelproblem*[17], auch davon ist zu sprechen,

(denn wiederkommen sollt es)

zunächst aber vom Tagebuch-Ich und seiner Besonderheit, *es geht schrittweise vor oder springt; es kann unterbrechen, alles berühren und alles wieder lassen*[18], es ist freier als das Roman-Ich, als das lyrische Ich, muss sich nicht selbst erfinden, es ist einfach da, im Moment des Schreibens. *Also dann los!*[19], es ist ein Ausdruck des Jetzt, *dies ist ein peinlicher und kaum zu überwindender Augenblick für mich*[20], der Manifestation, Vergewisserung, *ich spreche, also bin ich,* das Festschreiben, Festhalten der eigenen Person, zumindest ein Versuch, *es spricht von Überlegungen, Kopfschmerzen, vom Wetter und kann im nächsten Augenblick einen Gedanken zur politischen oder literarischen Situation äußern*[21], ein mögliches Ich also, ein Entwurf, eine subjektive Philosophie der Möglichkeit,

(und wirft, dem Klaren zu, …)

der eigene Körper als Raum, als Ort der Erinnerung, des Einblicks auch, *in seinen tausend Honigwaben speichert der Raum verdichtete Zeit*[22], um dort tief zu graben, immer tiefer, in sich, ins Ich, insich, *ganz tief in mir steckt ein geballter Kloß, irgendetwas hält mich fest im Griff,* und was das genau ist, sein kann, gilt es zu schreiben, wieder vom Rand, von außen, von innen, *während einer, der draußen steht, innen und außen wahrnimmt*[23], gegen und in die Zeit, das eigene Leben, das Werk *in Worte fassen, vertonen, abbilden,* aus der Zeit fallen, immer wieder, *wir suchen neu nach der Rolle des Ichs, nach Glaubwürdigkeit, Wahrhaftigkeit*[24],

ins Jetzt hinein,
(Am stillen Blicke sich üben.)

Seite für Seite, *wenn man etwas erlebt, dann schreibt man es auf*[25], Chronistin des eigenen Lebens, seit Jahrhunderten am Rand der Literatur zuhause, und die immerwährende Frage, der Versuch einer Definition, was das eigentlich ist, *das Tagebuch,* was sich hinter oder in der Form verbirgt, wo beginnt und

SIMONE SCHARBERT

wo endet sein Raum, wo ist der Unterschied zur Autobio-
graphie, zu Erinnerungen, zum Logbuch oder zum Journal,
wo oder was also ist der viel beschriebene Rand?

Zu Beginn *ein merkbuch, darinnen verzeichnet wird, was täglich
geschieht,* so liest es sich auch bei den Gebrüdern Grimm, ein
erster Anker also, *den man am Grund des Alltäglichen hinschar-
ren lässt*[26], und, *wie bei einem gedruckten Tagebuch nicht anders zu
erwarten ist, liest man fortlaufend chronologisch*[27], die Klammer,
ein erster Definitionsversuch für eine facettenreiche Gattung,
deren kleinster gemeinsamer Nenner das Datum, das Ver-
zeichnen der Zeit ist[28], eine Gattung, die im Laufe der Jahr-
hunderte in der Nische verharrt, retrospektiv zur Fußnote
wird, Marginalie eines Werkes, Notiz am Rand, Randnotiz
vieler Werke, nichts Eigenständiges, vermeintlich, als Form in
den Begriff der Diaristik gehüllt, vom *hybriden Charakter* ist
da die Rede, vom Fließen der Grenzen, *in denen eine individuelle Krise ebenso zum diaristischen Antrieb werde wie eine krisenhafte Umwelt,* die wiederholte Verdichtung auf einen Raum,
die Bedrohung von außen, der krisenhafte Moment, die
Angst vor der Auslöschung des Selbst, der Brückenschlag ins
Jetzt, die überraschende Rückkehr des Tagebuchs am Anfang
dieses neuen Jahrzehnts, in Zeiten einer Krise, die vielfach
aufgeschlagenen *Corona-Tagebücher,* aus der Begrenzung, aus
dem eigenen Raum heraus, *wir bleiben zuhause, wer ist denn
schon zuhause?*[29], *wir* schreiben von hier, Postkarten werden
verschickt, digital und analog, Blogs und Foren eröffnet und
geschlossen, aus dem *Ich* ist ein *Wir* geworden, ein kollekti-
ves *Wir,* das nun gemeinsam Tagebuch schreibt, neue Facet-
ten aufmacht, Fragen stellt, *ob wir es schaffen werden, eine neue
Routine zu finden, ob wir nachher sagen können, es hatte auch
etwas Gutes, Entschleunigung*[30], und die zentrale Frage der An-

sprache von Beginn an verdeutlicht, für wen oder was wird geschrieben, ist hier ein Publikum intendiert oder geht es um den intimsten Raum eines Selbst, denn die Öffentlichkeit ist schon eingeschrieben, in diesem Moment, sie ist Teil eines Literaturprozesses, einer sich selbst fortschreibenden Geschichte, die das Tagebuch wieder in seinem wesentlichen Merkmal als Chronologie, einem kontinuierlichen Festhalten der Ereignisse versteht, weit weg von den Kategorien des Wahnsinns, einer Krankheit oder sonstigen Stigmatisierung,

(im goldenen Rauche, blühte)

Das nur schwer Begreifbare lauert jetzt im Außen. Bilder, Ängste, *sie legen sich wie Perlen oder Jadeanhänger auf den Stadtkörper, bei aufkommendem Wind dringt ihr Rascheln und Klingen an dein Ohr*[31], und im Hintergrund verblassend, zusehends, das Abbild einer Tagebuchgeschichte, die seit Jahrhunderten einem männlichen Narrativ folgt, *Schreiben ohne Werk*, als ob es zu allen Zeiten keine tagebuchschreibenden Frauen gegeben hätte, so *dass der Eindruck entsteht, es handele sich um ein fast ausschließlich von männlichen Schriftstellern bedientes Genre*[32], in die Rezeption hineingewoben ein reaktionäres Bild der Frau, ein verhärtetes Klischee, Rollenbild gleichsam, wiederkehrend, das die Frau an der Seite des Künstlers verortet, die ewig Andere, die Störende, hin und wieder Muse mit Glück, denn das Tagebuch ist ein einsamer Ort des Ichs, eine Geschichte der Einsamkeit, *die Arbeit als die einzige Form der Selbstverwirklichung, Schreiben als das große Selbstgespräch: da kann der andere, die andere, nur stören*[33], schreibt Fritz J. Raddatz in der ZEIT Mitte der 8oer Jahre, und dass sein Tagebuch sein Spiegel sein solle, gleichwohl Spiegel einer Gattung, einer von ihm nach außen festgelegten Form, in der Frauen nur am Rand eine Rolle spielen, zu Marginalien des Literaturbe-

SIMONE SCHARBERT

triebs werden, keine einzige Autorin als Schreibende neben
Namen wie Kafka, Mann oder Musil Erwähnung findet, im
Gegenteil, die Frau lediglich als Objekt eines anderen Den-
kens fungiert, Adressatin einer inneren Auseinandersetzung,
eines Monologs, der aber dann den privaten Raum verlässt,
auf Veröffentlichung drängt, *der Anteil der schreibenden Mädchen und Frauen liegt stets erheblich über dem der männlichen
Verfasser*[34], und darin am Anfang eines neuen Jahrzehnts die
Frage, wie viele Einträge von Frauen weiterhin nicht *sichtbar*
sind, sein werden, am Rand bleiben, aus ihrer Begrenzung,
aus diesem einen Raum heraus arbeiten, *ich sitze im warmen Zimmer Zeit*[35], schmerzlich, mal Körper, *verlassen kann ich
es nicht*, mal Erinnerung, mal Topos, die die Geschichte des
Tagebuchs kontinuierlich weiterschreiben, gegen den Wahnsinn, mit dem Wahnsinn, sich ihrer selbst versichern, darin
Halt finden, für sich, das *Ich* und das eigene Werk, wie Alice
James auch weiter aus der Begrenzung arbeiten, in die Tiefe,
die Dichte des Raums unserer Gegenwart schreiben, darin
ihr Werk schaffen,

> *even on my microscopic field,*
> *(wächst das Rettende auch.)*

Anmerkungen

1 Wörterbuch der Gebrüder Grimm. Rand. http://dwb.uni-trier.de/de
2 Sabine Kalff/Ulrike Vedder: Tagebuch und Diaristik seit 1900. In: Zeitschrift für Germanistik (Neue Folge XXVI), 2016. S. 238
3 Gaston Bachelard: Poetik des Raums. Fischer, 2014. S. 7
4 Leon Edel (Hg.): The Diary of Alice James. Northeastern University Press edition, 1999.
5 Susan Sontag: Alice im Bett. Verlag der Autoren, 1991. S. 30
6 Susan Sontag: Alice im Bett. Verlag der Autoren, 1991. S. 52
7 Wörterbuch der Gebrüder Grimm. Rand. http://dwb.uni-trier.de/de
8 Michel Foucault: Die Ordnung der Dinge. Suhrkamp, 1974. S. 34
9 Michel Foucault: Die Ordnung der Dinge. Suhrkamp, 1974. S. 33
10 Lisa Appignanesi: Mad, Bad and Sad. A History of Women and the Mind Doctors from 1800 to the Present. Virago Press, 2008. S. 28
11 Ebd., S. 28
12 Charlotte Salomon: Leben oder Theater? Prestel, 2004. S. 28
13 Gustav René Hocke: Europäische Tagebücher aus vier Jahrhunderten. Limes, 1978
14 Wörterbuch Gebrüder Grimm
15 Ingeborg Bachmann: Anrufung des Großen Bären. Piper, 1974. S. 82
16 Ingeborg Bachmann: Frankfurter Poetik-Vorlesungen. Piper, 2011. S. 53
17 Ulrike Draesner: Das Zeit-Erzählen. In: Die Seele. Marbacherkatalog 68, 2015. S. 38
18 Ingeborg Bachmann: Frankfurter Poetik-Vorlesungen. Piper, 2011. S. 61
19 Etty Hillesum: Das denkende Herz. Die Tagebücher von Etty Hillesum 1941-1943. Rororo, 2015
20 Ebd., S. 13
21 Ingeborg Bachmann: Frankfurter Poetik-Vorlesungen. Piper, 2011. S. 61
22 Gaston Bachelard: Poetik des Raums. Fischer, 2014. S. 35
23 Ulrike Draesner: Das Zeit-Erzählen. In: Die Seele. Marbacherkatalog 68, 2015. S. 38
24 Ulrike Draesner: Das Zeit-Erzählen. In: Die Seele. Marbacherkatalog 68, 2015. S. 38
25 Sylvia Plath: Die Tagebücher. Piper, 1999. S. 21
26 Maurice Blanchot in: Sabine Kalff/Ulrike Vedder: Tagebuch und Diaristik seit 1900. In: Zeitschrift für Germanistik (Neue Folge XXVI), 2016
27 Peer Trilcke: B: Blog. In: Sprache. Ein Lesebuch von A–Z. Dresden, 2016

28 Sabine Kalff/Ulrike Vedder: Tagebuch und Diaristik seit 1900. In: Zeitschrift für Germanistik (Neue Folge XXVI), 2016

29 Elfriede Gerstl: Wer ist denn schon. Profile, 2012

30 Nava Ebrahimi: Corona-Tagebücher. Eintrag ohne Datum. www.literaturhaus-graz.at/die-corona-tagebuecher-1/

31 Fang Fang: Wuhan Diary. Tagebuch aus einer gesperrten Stadt. https://www.mdr.de/kultur/fang-fang-wuhan-diary-102.html

32 Sabine Kalff/Ulrike Vedder: Tagebuch und Diaristik seit 1900. In: Zeitschrift für Germanistik (Neue Folge XXVI), 2016

33 Fritz J. Raddatz: Mein Tagebuch soll mein Spiegel sein. ZEIT 21/1986

34 Sabine Kalff/Ulrike Vedder: Tagebuch und Diaristik seit 1900. In: Zeitschrift für Germanistik (Neue Folge XXVI), 2016

35 Ulrike Draesner: Das Zeit-Erzählen. In: Die Seele. Marbacherkatalog 68, 2015. S. 38

Nachwort

Ein Vers wie ein Kugelblitz

Werner Kirchner (1895 – 1961),
dem ersten gründlichen Erforscher
von Hölderlins Homburger Zeit

Er ist der Vers aller Verse in Hölderlins Werk. Und er enthält
sein gesamtes Dichtungsprogramm. Der Dichter liebte diese
Art, Worte zu ballen zu einer prophetischen und zugleich
delphisch dunklen Aussage. Für ihn war es das Höchste, was
Sprache zu leisten vermochte. Ihre Energie, ihre Sprengkraft
verdichten sich in einem kleinen, doch kompakten Kern. Ein
Vers wie ein Kugelblitz! Der in die Welt springt, sie erleuch-
tet und entzündet – und eine neue Wirklichkeit gleichsam
explosiv hervortreiben soll.

Er steht am Anfang der späten, großen Hymne *Patmos*
und will als Erwiderung auf die Eingangsworte gelesen werden:

> *Nah ist*
> *Und schwer zu fassen der Gott.*
> *Wo aber Gefahr ist, wächst*
> *Das Rettende auch.*

Das *aber* deutet einen Gegengrund an. Zu was? Zu der Aussage, dass *der Gott* zwar *nah*, zugleich jedoch *schwer zu fas-*

sen ist. *Fassen* heißt hier wohl mehrerlei: einmal erkennen oder begreifen, dann auch: fangen oder festhalten; das Wort entbehrt jedenfalls einer gewissen Gewaltsamkeit nicht. Die Gottesbegegnung, die dadurch nur *schwer* möglich wird, muss also auf anderem Weg zustande kommen, wenn sie gelingen soll. Doch wie? Indem der Mensch sich der *Gefahr* aussetzt, nur darin begegnet er dem Gott der Hölderlin'schen Vorstellung, nur darin erlebt er das Göttliche wirklich und wahrhaftig: als *Rettendes*. Einzig und allein in Gefahr, Risiko und Unsicherheit kann der Mensch Göttliches in jener Form erleben, die ihm überhaupt zugänglich ist und seiner Lebendigkeit nottut. Darum ist Gefahr bei Hölderlin auch nichts, was Angst macht, was um jeden Preis vermieden werden soll. Im Gegenteil: Gefahr löst bei ihm an anderer Stelle sogar Freude aus. Und noch im spätesten Werk resultieren *Gefahren* – gänzlich unvermutet – aus dem *Gewahren*, also aus Aufmerksamkeit, Wachheit, Hellsicht, aus einem scharfen, wahrheitsfähigen Blick. Gefahr wird, so gesehen, zu einer Frage der inneren Perspektive, einer Mentalität oder Seelenhaltung, ja, des Charakters. Auf keinen Fall ist sie etwas Objektives, ein für allemal Feststehendes, Äußerliches. So wenig wie das Göttliche, das ihr innewohnt und sich dem Menschen als *Rettendes* zu erkennen gibt. Und außerdem: das *wächst*, sich also in Bewegung befindet, fruchtbar um sich greift und Steigerung, Entwicklung, Fortschritt bedeutet. Allerdings trifft auch der Umkehrschluss zu: Wo keine Gefahr ist, wächst das *Rettende* nicht, dort schrumpft es bis zur Unkenntlichkeit und droht zu verschwinden. Wer folglich das Göttliche nicht als Wachstum und innere Dynamik erlebt, der muss beinahe notgedrungen versuchen, es zu *fassen* und einzusperren in Lehrsätze, Dogmen oder starre Begriffe; so aber kann es nur verfehlt werden, und der eigentlich *nahe* Gott entfernt sich oder erscheint zumindest fern und *schwer* erreichbar. Das Fassen führt nicht zur Begegnung mit einem lebendigen Gott, sondern nur mit einem toten.

Das *Patmos*-Gedicht hat Hölderlin in schwierigster Lebenslage verfasst. Es war eine Auftragsarbeit (des Landgrafen von Homburg) und spricht dennoch sein innerstes Anliegen aus. Fieberhaft soll er daran geschrieben haben, vorwiegend daheim, im Haus der Mutter in Nürtingen und nicht lange nach seiner Rückkehr aus Frankreich um die Mitte des Jahres 1802. Ein religiöses Zeitgedicht war bei ihm bestellt worden, doch er allein konnte über die Motivik entscheiden und wählte als Ausgangspunkt für seine Hymne jene griechische Insel namens Patmos, auf der dem Evangelisten und Apostel Johannes die Offenbarung zuteil wurde; ein Herzstück der christlichen Heilslehre sowie des Neuen Testaments – und vor allem berühmt geworden durch die Apokalypse mit ihren Schreckensbildern und -worten. Hölderlin war sie bereits vor seinem Theologiestudium lieb und vertraut.

Doch worin könnte seine Wahl begründet gewesen sein? In dem, was ich die johanneische Situation nennen möchte. So hält der Autor der Offenbarung gleich zu Beginn fest: *Der Geist kam über mich an des Herrn Tag, und ich hörte hinter mir eine große Stimme wie von einer Posaune, die sprach: Was du siehest, das schreibe in ein Buch* ... Bei Hölderlin heißt es ganz ähnlich in einem Brief aus Frankreich über sein dortiges Erleben: *Das gewaltige Element, das Feuer des Himmels und die Stille der Menschen, ihr Leben in der Natur ... hat mich beständig ergriffen, und wie man Helden nachspricht, kann ich wohl sagen, daß mich Apollo geschlagen.* Und zwar geschlagen mit einer gefährlichen, schon an Wahnsinn grenzenden Hellsicht, denn Apoll ist der Gott, der die Menschen zu Weissagung, seherischen Fähigkeiten, aber auch zu Musik und Dichtung inspiriert. Wenn das nicht Hölderlins Patmos-Erlebnis war! Der Erhalt eines ganz besonderen Auftrags, den – nicht anders als bei Johannes – der Geist über ihn brachte und den er gleich nach seiner Heimkehr aus Frankreich in Angriff nahm. Fortan jedenfalls kommt bei seinem Dichten zusehends ein seherisches Element ins Spiel, so wie er in seiner Hymne Johannes einen *gottgeliebten Seher* nennt, was freilich eher griechisch als christlich klingt.

Außerdem teilt Hölderlin mit Johannes ein heilsgeschichtliches Naherlebnis, es ist eine unerlässliche Voraussetzung für die Offenbarung und drängt gewissermaßen auf sie hin. *Nah* ist bei ihm der Gott, der sich zu erkennen geben will, bei Johannes ist es die *Zeit*, sprich: die unmittelbar bevorstehende Endzeit der Welt, der Christus ein tausendjähriges Friedensreich folgen lässt, dem sich wiederum ein allerletzter Kampf gegen den Satan und sein Gefolge anschließt sowie das Weltgericht, vor dessen Schranken die ganze Menschheit muss. So endet die bisherige Geschichte, die Schöpfung ist gerettet und erneuert. Und vom Himmel senkt sich ein *neues Jerusalem*: Darin wird *Gott bei den Menschen wohnen, und sie werden sein Volk sein ... und Gott wird abwischen alle Tränen von ihren Augen und der Tod wird nicht mehr sein, noch Leid noch Geschrei noch Schmerz.*

In der Offenbarung sagt Johannes nicht weniger als den Lauf der Geschichte voraus sowie Gottes Wirken darin. Gott selbst hat diesem von ihm bestimmten Seher Einblick in seine Pläne gegeben und ihm eröffnet, was sich zutragen wird bis zum Ende der Zeiten und darüber hinaus. Ein Geschichtsverlauf, der die Geschichte schließlich selbst aufhebt und erübrigt. Ein glatter, sauberer, nicht zu bremsender Lauf – Weltgeschichte, restlos aufgelöst in Heilsgeschehen!

KURT OESTERLE

Danach sind Gott und Menschen wieder versöhnt und vereint, fast wie im Paradies ...

Schon ein flüchtiger Blick zeigt, dass Hölderlin in seiner Hymne das Geschehen auf Patmos nicht bloß nachzeichnet und die dort erlebte Offenbarung im Sinne des Johannes nur dichterisch verklärt. Im Gegenteil: Schnell fällt, trotz aller Hermetik, ins Auge, dass er das Patmos-Erlebnis seines Vorgängers in gewisser Weise zurücknimmt und dessen Ergebnis seiner Endgültigkeit beraubt. Stattdessen schafft er ein zweites Patmos, auf dem etwas ganz und gar anderes offenbart wird, nämlich dass die vermeintlich von Gott abgeschlossene Geschichte wieder offen sei und ihr Ausgang unbekannt. Eine Apokalypse findet bei Hölderlin nicht statt, so wenig wie sich in seiner Hymne die Tore des Paradieses öffnen. Zu ihnen besitzt er gewissermaßen nicht den Schlüssel, oder anders: Sein Verständnis von Zeit und Geschichte ist ein radikal neues, in den Stürzen und Brüchen der Gegenwart um- und umgewandeltes, in dem der johanneische Heilsgedanke keinen Platz mehr findet. Gröber formuliert: Nicht länger ist Gott der alleinige Herr der Geschichte, sondern von nun an regiert mehr und mehr der Mensch mit, er kann seine Geschichte nach einem ihm zustehenden Naturrecht durchaus eigenständig gestalten.

Was die Französische Revolution glänzend unter Beweis gestellt hat ... Mit ihr ist ein historischer Neubeginn eingeläutet worden, der gründlichste seit der Reformation. Er zeigt, dass Geschichte, zumal in ihren wirksamsten Ereignissen, Weltgeschichte ist – eine der großen, gefeierten Entdeckungen der Epoche, und Hölderlin gehört neben seinem Freund Hegel zu ihren Pionieren. Weltgeschichte verbindet alle Völker des Erdballs miteinander. Sie ist ein gemeinsames Fortschreiten im Bewusstsein der Freiheit, sozusagen eine

Globalisierung der Vernunft, die sich – siehe die Menschen- und Bürgerrechte – weiter und weiter ausbreitet. Hegels Geschichtsphilosophie wird auf Dauer die optimistischere sein. Geschichte ist für sie Erfolgsgeschichte, aufsteigend zu immer höheren Formen des staatlichen und gesellschaftlichen Zusammenlebens. Hölderlin jedoch, je länger, je mehr, übersieht auch das Tragische im Fortschritt nicht, und Geschichte ist bei ihm ein »Werden im Vergehen«, voller Leid, Scheitern, Unglück. Fortschritte verzahnen sich mit Rückschritten. So etwa folgte der Französischen Revolution nicht nur das europäische Verfassungswesen, sondern ebenso Krieg, Terror und Völkermord. Hegel und Hölderlin spüren inmitten eines beispiellosen Umbruchs schmerzhaft genau, dass von nun an für die historische Zeit ein anderes Bewegungsgesetz gilt: der Fortschritt, nicht länger das Heil. Und nicht Gott hält am Ende der Zeiten ein Weltgericht ab, sondern, wie Schiller es bereits ausdrückte: »Die *Weltgeschichte* ist das Weltgericht«, und zwar in Permanenz, von Tag zu Tag, von Epoche zu Epoche, unabsehbar … Dieser Erkenntnis gilt es Rechnung zu tragen, auch für einen Dichter.

Mit dem Fortschrittsdenken soll die Geschichte nun säkular und profan geworden sein, eine Vorstellung, die den Herrschenden dieser Epoche verdächtig ist, stellt sie doch eine seit Jahrhunderten angeblich gottgegebene Ordnung in Frage. Fortschrittsdenken ist nämlich revolutionäres Denken: Umstürze, Aufstände, Kriege aller Art treiben die Geschichte mit wilder Kraft – und zahllosen Opfern – voran. Und so setzt sich allmählich der Glaube durch, dass in einer menschengemachten Geschichte der Offenbarungsgedanke hinfällig geworden ist und Gott sich erübrigt. Denn wenn der Mensch sein Geschick mit Hilfe von Vernunft, Wissenschaft und Politik immer mehr selbst bestimmt, welche höhere Macht soll sich ihm dann noch und mit welchen Weisungen, Mahnungen oder Eingebungen offenbaren? Und wozu? Dass der Mensch seinen Gang durch die Zeiten selbst lenkt, halten aber nicht alle für wünschenswert. Sie wollen die Idee eines Gottes von geschichtsbildender Macht keineswegs aufgeben. Bei Hegel ist darum die Offenbarung selbst Geschichte geworden, lapidar geht er davon aus, *daß das, was geschehen ist und alle Tage geschieht, nicht nur nicht ohne Gott, sondern wesentlich das Werk seiner selbst ist.* Hölderlin indes hält an der Offenbarung von außen fest, er glaubt nicht an einen immanenten Gott, heiße er *Weltgeist* oder *List der Vernunft,* der es schon richten wird, wenn der Mensch mal wieder die Richtung verliert … Bei ihm ist Patmos auf keinen Fall überflüssig geworden …

Doch es lohnt, genauer hinzusehen: In dem Großgedicht *Der Archipelagus* beschwört Hölderlin, was dem Menschen droht, wenn er seine Geschichte alleine macht:

> *Aber weh! es wandelt in Nacht, es wohnt, wie im Orkus*
> *Ohne Göttliches unser Geschlecht. Ans eigene Treiben*
> *Sind sie geschmiedet allein, und sich in der tosenden Werkstatt*
> *Höret jeglicher nur und viel arbeiten die Wilden*
> *Mit gewaltigem Arm, rastlos, doch immer und immer*
> *Unfruchtbar, wie die Furien, bleibet die Mühe der Armen.*

Warnende Worte! Sie warnen vor menschlichen Rasereien in einer götterfernen Welt. Die Arbeit, die hier besungen wird, gleicht einem entfesselten Industrialismus ohne natur- und menschenfreundliche Perspektive, und dabei ist von der entfesselten Gewalt der Menschen gegeneinander noch gar nicht die Rede. Doch Hölderlin hat bestimmt auch sie gefürchtet: als gesteigerte Hemmungslosigkeit einer Gattung, die nur »ans eigene Treiben geschmiedet« ist und keinerlei inneren oder äußeren Horizont mehr besitzt. Deshalb besser keine menschliche Geschichte ohne Rückbindung an ein höheres Wesen, besser keine gottverlassenen Zeitläufte, besser keine Menschheit, die ganz und gar mit sich allein ist (oder sich in allem, was sie treibt, von einem immanenten Gott gerechtfertigt und bestätigt sieht, der *alles* in Heil umbiegt …). Ja, auch Hölderlin könnte es bereits vor einer absoluten Freiheit ohne echte Transzendenz gegraust haben, einer Freiheit, die erst das zwanzigste Jahrhundert zu voller Reife gebracht hat und deren Früchte nicht zuletzt Rassenkrieg und Klassenkrieg hießen, Auschwitz und Gulag.

Die Verbindung von Geschichte und Transzendenz nun will er durch einen teils überlieferten, teils erneuerten Offenbarungsgedanken sicherstellen, durch nicht weniger als ein zweites, *sein* Patmos. Um es abstrakt zu sagen: Offenbart wird bei Hölderlin etwas höchst Lebendiges, überwiegend Gefühltes, das weder in Johannes' Apokalyptik noch in Hegels theologischem Rationalismus noch auch in Lessings Aufklärungstheologie – in ihr fungiert Offenbarung als »Erziehung des Menschengeschlechts« – Berücksichtigung findet. Konkreter: Es ist die im Geschichtsprozess meistens zu kurz gekommene, wenn nicht völlig ausgesparte Macht der Versöhnung oder des ursprünglichen Versöhntseins der Menschen mit dem Göttlichen, mit der Natur, aber auch untereinander, wie er sie in *seinem* Griechenland vorzufinden meinte als eine Art von Urharmonie oder umfassenden Frieden. Der *Archipelagus*, zum Beispiel, ist der gute Geist, der die versprengten Inseln des ägäischen Archipels mitsamt ihren Bewohnerinnen und Bewohnern in Liebe vereint hält. Und im *Patmos*-Gedicht, das eine Offenbarungsmöglichkeit für die neuesten Geschichtsverläufe erprobt, wird dieser harmonische Zusammenhalt symbolisiert durch die »leichtgebaueten Brücken«, über die die Alpenbewohner »furchtlos« zueinanderfinden, oder auch das »unschuldig Wasser«, über das »die Liebsten« sich relativ sicher mit Booten besuchen und ihre Gemeinsamkeit stärken können. Das Gebirgsbild übrigens wird heraufbeschworen von den *Gipfeln der Zeit,* die ringsum *gehäuft* sind, gleichsam das Inbild einer historisch-politischen Landschaft, die in Hölderlins Gegenwart zerklüfteter, unübersichtlicher und schwindelerregender war als je zuvor. Wissen und Bewusstsein genügen nicht, um dieses Neue, in dem Gut und Böse bedrohlich gemischt sind, zu bewältigen, nein, es braucht dazu vielmehr auch das offenbarende Wort – und damit kommt der Dichter ins Spiel.

Er allein, als Seher und Sänger, entdeckt seiner Aufgabe gemäß, *daß nirgend ein Unsterbliches mehr am Himmel zu sehn ist oder auf grüner Erde* und folglich *die Ehre der Himmlischen unsichtbar wurde.* Mit dem *Stab des Gesanges* ruft er sodann die Himmlischen aus ihrer Verborgenheit zurück, sie, mit einem verblüffend einfachen Wort, *niederwinkend* unter die Sterblichen. Begründet wird diese Dichteraufgabe auch damit, dass bei der ersten, der johanneischen Offenbarung, nicht jedes Wort die Menschen erreicht hat, einige Worte sind *verloren* gegangen und *verhallet – denn nicht alles will der Höchste zumal,* sprich: auf einmal. Es ist also etwas übriggeblieben, sozusagen ein heilsgeschichtlicher Vorrat, der zur rechten Zeit vom Dichter des Hölderlin'schen Typs verkündet werden muss. Was aber genau übriggeblieben ist, hat dieser erst zu *lernen,* mit dem Risiko, *das Falsche* zu verkünden und somit unbeabsichtigt dafür zu sorgen, *daß Menschliches unter Menschen nicht mehr gilt.* Wie man sieht, ein nicht ungefährliches Amt! Aber durchaus auch ein göttliches, das von Hölderlin in die Nähe von Christi Amt gerückt wird. Denn der Sänger *wecket die Toten auf, die noch gefangen nicht vom Rohen sind,* sprich:

die noch nicht bei Lebzeiten seelisch und geistig tot sind, sondern sich mit dem treffenden Wort gleichsam wiederbeleben lassen. Welche Fallhöhe der Dichter hier sehenden Auges einnimmt, um seinem Amt gerecht zu werden! Doch er muss sich ja – notwendigerweise – der *Gefahr* aussetzen, wenn das *Rettende* in der Geschichte erneut mächtig werden soll. Einer Gefahr, die daher rührt, dass er zu verkünden wagt, was Gott oder Götter wollen – sich ihnen in seinem Wissen und Willen also, genau genommen, gleichmacht.

Um einen Irrtum zu vermeiden: Hölderlin ruft mit seinem Gesang nicht die Himmlischen herab, damit sie aktiv in die Geschichte eingreifen und sie gestaltend durchwirken. Vielmehr offenbart er den Menschen, was SIE tun müssen, um ihre Geschichte so einzurichten, dass das *Rettende* freigesetzt wird. Dazu müssen sie vor allem eine neue menschliche≈Gemeinschaft bilden, in der jede/r frei und ungebunden leben kann, heutig gesprochen: fern von ökonomischen oder politischen Zwängen, Karriere und Anpassung, selbstsüchtigem Hedonismus, Unentschlossenheit in allem, was nicht das eigene Ego betrifft. Unsere Befähigung zu solch nicht-verdinglichten, herrschaftsfreien, selbstlosen Menschenbindungen nennt Hölderlin *göttlich*, nichts anderes … und in seinem Ideal-Griechenland sah er sie zum ersten Mal in der Geschichte verwirklicht. Gleichfalls aber sollen wir dem Sänger darin folgen, Versöhnung mit der Natur zu suchen. Sein Ziel ist es nämlich, die Trennung des Menschen von seiner natürlichen Umgebung rückgängig zu machen und diese alte, klaffende Risswunde zu heilen; im Einklang mit der Natur zu leben, in einem nicht-entfremdeten, nicht-ausbeuterischen, nicht-instrumentellen Verhältnis zu ihr, gehört für ihn ganz ohne Frage in den Kernbereich des *Rettenden*.

KURT OESTERLE

Mit seiner dichterischen Offenbarung wendet Hölderlin sich an alle und jede/n; sowohl Völker als auch Einzelpersonen sind zur Gefahrenbereitschaft aufgefordert. Er selbst ist dabei mit gutem Beispiel vorangegangen, bekanntlich bis in Scheitern, Zerrüttung und Wahnsinn. Von den Völkern sind es zuvorderst die Franzosen, die Kampf, Leid und Zerrissenheit auf sich gehäuft haben, um Fortschritte der Freiheit, des Rechts und der Humanität anzustoßen und somit *Rettendes* in die Geschichte einzuspeisen. Von seinen Deutschen kann Hölderlin dasselbe leider nicht behaupten, wie die Scheltrede des *Hyperion*-Romans belegt, in der ein Volk vorgestellt wird, dem es entschieden an Empfindsamkeit und Mut fehlt: *Darum,* heißt es in dieser Rede, *fürchten sie auch den Tod so sehr, und leiden um des Austernlebens willen, alle Schmach, weil Höhers sie nicht kennen als ihr Machwerk, das diese Gottverlassnen sich gestoppelt.*

Auch heute wird niemandem das *Rettende* risikolos und auf dem silbernen Tablett serviert; ringsherum herrschen Gefahren, doch wer stellt sich ihnen mit Hölderlin'scher Courage und Entschiedenheit? In einem Land, das in Wohlstand und Wellness erstarrt ist, in dem schon die kleinste Unpässlichkeit als Drama empfunden wird, weil sie die Aktionskreise des Spaß- und Sportkollektivs einschnürt. In dem erneuernde Phantasie und Kreativität schon viel zu lange auf *Standby* sind. In dem das Neue, Ungewöhnliche, Grenzüberschreitende gemieden wird, weil es Ungewissheiten birgt und Ängste auslöst. In dem Brücken nicht *leichtgebauet* sind, sondern selten überhaupt fertig werden – von Bahnhöfen und Flugplätzen zu schweigen! Gefährlich hingegen wäre es, aus gewohnten Bahnen zu treten und die Umkehr zu wagen; wer es tut, riskiert sein Gleichgewicht, seine Nachtruhe, seine Selbstzufriedenheit – er/sie leistet Verzicht auf so manchen Genuss, entscheidet sich für Unannehmlichkeiten und übernimmt Verantwortung, statt nur folgenlos zu protestieren (beliebtestes Entlastungsritual einer risikoscheuen Gesellschaft) oder gleich ganz zu kneifen und laut nach Mutter Staat zu rufen. Wahrer Hölderlin-Mut wäre stattdessen notwendig! Denn unübersehbar ragen UNSERE *Gipfel der Zeit* über allen Köpfen auf und wachsen stündlich höher: Klimakatastrophe, Artensterben, Demokratiehass, Hunger, Pandemien, massenhaftes und immer aggressiveres Wunschdenken sowie ein allgegenwärtiger, lügenhafter Populismus, der sie zu befriedigen verspricht.

Zwischen *Gefahr* und *Rettendem* liegt nur ein kleiner Schritt, und jede/r Einzelne kann ihn gehen: Er besteht darin, unsere Wahrnehmungsfähigkeit nach außen und nach innen zu erweitern.

FRIEDRICH HÖLDERLIN

Patmos

Dem Landgrafen von Homburg

Nah ist
Und schwer zu fassen der Gott.
Wo aber Gefahr ist, wächst
Das Rettende auch.
Im Finstern wohnen
Die Adler und furchtlos gehn
Die Söhne der Alpen über den Abgrund weg
Auf leichtgebaueten Brücken.
Drum, da gehäuft sind rings
Die Gipfel der Zeit, und die Liebsten
Nah wohnen, ermattend auf
Getrenntesten Bergen,
So gib unschuldig Wasser,
O Fittige gib uns, treuesten Sinns
Hinüberzugehn und wiederzukehren.

So sprach ich, da entführte
Mich schneller, denn ich vermutet,
Und weit, wohin ich nimmer
Zu kommen gedacht, ein Genius mich
Vom eigenen Haus. Es dämmerten
Im Zwielicht, da ich ging,

Der schattige Wald
Und die sehnsüchtigen Bäche
Der Heimat; nimmer kannt ich die Länder;
Doch bald, in frischem Glanze,
Geheimnisvoll
Im goldenen Rauche, blühte
Schnellaufgewachsen,
Mit Schritten der Sonne,
Mit tausend Gipfeln duftend,

Mir Asia auf, und geblendet sucht
Ich eines, das ich kennete, denn ungewohnt
War ich der breiten Gassen, wo herab
Vom Tmolus fährt
Der goldgeschmückte Paktol
Und Taurus stehet und Messogis,
Und voll von Blumen der Garten,
Ein stilles Feuer, aber im Lichte
Blüht hoch der silberne Schnee,
Und Zeug unsterblichen Lebens
An unzugangbaren Wänden
Uralt der Efeu wächst und getragen sind
Von lebenden Säulen, Zedern und Lorbeern,
Die feierlichen,
Die göttlichgebauten Paläste.

Es rauschen aber um Asias Tore
Hinziehend da und dort
In ungewisser Meeresebene
Der schattenlosen Straßen genug,
Doch kennt die Inseln der Schiffer.
Und da ich hörte,

FRIEDRICH HÖLDERLIN

Der nahegelegenen eine
Sei Patmos,
Verlangte mich sehr,
Dort einzukehren und dort
Der dunkeln Grotte zu nahn.
Denn nicht, wie Cypros,
Die quellenreiche, oder
Der anderen eine
Wohnt herrlich Patmos,

Gastfreundlich aber ist
Im ärmeren Hause
Sie dennoch
Und wenn vom Schiffbruch oder klagend
Um die Heimat oder
Den abgeschiedenen Freund
Ihr nahet einer
Der Fremden, hört sie es gern, und ihre Kinder,
Die Stimmen des heißen Hains,
Und wo der Sand fällt, und sich spaltet
Des Feldes Fläche, die Laute,
Sie hören ihn und liebend tönt
Es wider von den Klagen des Manns. So pflegte
Sie einst des gottgeliebten,
Des Sehers, der in seliger Jugend war

Gegangen mit
Dem Sohne des Höchsten, unzertrennlich, denn
Es liebte der Gewittertragende die Einfalt
Des Jüngers und es sahe der achtsame Mann
Das Angesicht des Gottes genau,
Da beim Geheimnisse des Weinstocks, sie

Zusammensaßen, zu der Stunde des Gastmahls,
Und in der großen Seele, ruhigahnend, den Tod
Aussprach der Herr und die letzte Liebe, denn nie genug
Hatt er von Güte zu sagen
Der Worte, damals, und zu erheitern, da
Ers sahe, das Zürnen der Welt.
Denn alles ist gut. Drauf starb er. Vieles wäre
Zu sagen davon. Und es sahn ihn, wie er siegend blickte,
Den Freudigsten die Freunde noch zuletzt,

Doch trauerten sie, da nun
Es Abend worden, erstaunt,
Denn Großentschiedenes hatten in der Seele
Die Männer, aber sie liebten unter der Sonne
Das Leben und lassen wollten sie nicht
Vom Angesicht des Herrn
Und der Heimat. Eingetrieben war,
Wie Feuer im Eisen, das, und ihnen ging
Zur Seite der Schatte des Lieben.
Drum sandt er ihnen
Den Geist, und freilich bebte
Das Haus und die Wetter Gottes rollten
Ferndonnernd über
Die ahnenden Häupter, da, schwersinnend,
Versammelt waren die Todeshelden,

Itzt, da er scheidend
Noch einmal ihnen erschien.
Denn itzt erlosch der Sonne Tag,
Der Königliche, und zerbrach
Den geradestrahlenden,
Den Zepter, göttlichleidend, von selbst,

Denn wiederkommen sollt es,
Zu rechter Zeit. Nicht wär es gut
Gewesen, später und schroffabbrechend, untreu,
Der Menschen Werk, und Freude war es
Von nun an,
Zu wohnen in liebender Nacht, und bewahren
In einfältigen Augen, unverwandt
Abgründe der Weisheit. Und es grünen
Tief an den Bergen auch lebendige Bilder,

Doch furchtbar ist, wie da und dort
Unendlich hin zerstreut das Lebende Gott.
Denn schon das Angesicht
Der teuern Freunde zu lassen
Und fernhin über die Berge zu gehn
Allein, wo zweifach
Erkannt, einstimmig
War himmlischer Geist; und nicht geweissagt war es, sondern
Die Locken ergriff es, gegenwärtig,
Wenn ihnen plötzlich
Ferneilend zurück blickte
Der Gott und schwörend,
Damit er halte, wie an Seilen golden
Gebunden hinfort
Das Böse nennend, sie die Hände sich reichten —

Wenn aber stirbt alsdenn,
An dem am meisten
Die Schönheit hing, daß an der Gestalt
Ein Wunder war und die Himmlischen gedeutet
Auf ihn, und wenn, ein Rätsel ewig füreinander,
Sie sich nicht fassen können

Einander, die zusammenlebten
Im Gedächtnis, und wenn nicht den Sand nur oder
Die Weiden es hinwegnimmt und die Tempel
Ergreift, wenn die Ehre
Des Halbgotts und der Seinen
Verweht und selber sein Angesicht
Der Höchste wendet
Darob, daß nirgend ein
Unsterbliches mehr am Himmel zu sehn ist oder
Auf grüner Erde, was ist dies?

Es ist der Wurf des Säemanns, wenn er faßt
Mit der Schaufel den Weizen,
Und wirft, dem Klaren zu, ihn schwingend über die Tenne.
Ihm fällt die Schale vor den Füßen, aber
Am Ende kommet das Korn
Und nicht ein Übel ists, wenn einiges
Verloren gehet und von der Rede
Verhallet der lebendige Laut,
Denn göttliches Werk auch gleichet dem unsern,
Nicht alles will der Höchste zumal.
Zwar Eisen träget der Schacht,
Und glühende Harze der Aetna,
So hätt ich Reichtum,
Ein Bild zu bilden, und ähnlich
Zu schauen, wie er gewesen, den Christ,

Wenn aber einer spornte sich selbst,
Und traurig redend, unterweges, da ich wehrlos wäre,
Mich überfiele, daß ich staunt und von dem Gotte
Das Bild nachahmen möcht ein Knecht –
Im Zorne sichtbar sah ich einmal

Des Himmels Herrn, nicht, daß ich sein soll etwas, sondern
Zu lernen. Gütig sind sie, ihr Verhaßtestes aber ist,
Solange sie herrschen, das Falsche, und es gilt
Dann Menschliches unter Menschen nicht mehr.
Denn sie nicht walten, es waltet aber
Unsterblicher Schicksal und es wandelt ihr Werk
Von selbst, und eilend geht es zu Ende.
Wenn nämlich höher gehet himmlischer
Triumphgang, wird genennet, der Sonne gleich,
Von Starken der frohlockende Sohn des Höchsten,

Ein Losungszeichen, und hier ist der Stab
Des Gesanges, niederwinkend,
Denn nichts ist gemein. Die Toten wecket
Er auf, die noch gefangen nicht
Vom Rohen sind. Es warten aber
Der scheuen Augen viele,
Zu schauen das Licht. Nicht wollen
Am scharfen Strahle sie blühn,
Wiewohl den Mut der goldene Zaum hält.
Wenn aber, als
Von schwellenden Augenbraunen,
Der Welt vergessen
Stillleuchtende Kraft aus heiliger Schrift fällt, mögen,
Der Gnade sich freuend, sie
Am stillen Blicke sich üben.

Und wenn die Himmlischen jetzt
So, wie ich glaube, mich lieben,
Wie viel mehr Dich,
Denn Eines weiß ich,
Daß nämlich der Wille

Des ewigen Vaters viel
Dir gilt. Still ist sein Zeichen
Am donnernden Himmel. Und Einer stehet darunter
Sein Leben lang. Denn noch lebt Christus.
Es sind aber die Helden, seine Söhne,
Gekommen all und heilige Schriften
Von ihm und den Blitz erklären
Die Taten der Erde bis itzt,
Ein Wettlauf unaufhaltsam. Er ist aber dabei. Denn seine
                                                   Werke sind
Ihm alle bewußt von jeher.

Zu lang, zu lang schon ist
Die Ehre der Himmlischen unsichtbar.
Denn fast die Finger müssen sie
Uns führen und schmählich
Entreißt das Herz uns eine Gewalt.
Denn Opfer will der Himmlischen jedes,
Wenn aber eines versäumt ward,
Nie hat es Gutes gebracht.
Wir haben gedienet der Mutter Erd
Und haben jüngst dem Sonnenlichte gedient,
Unwissend, der Vater aber liebt,
Der über allen waltet,
Am meisten, daß gepfleget werde
Der feste Buchstab, und Bestehendes gut
Gedeutet. Dem folgt deutscher Gesang.

Autorinnen und Autoren

Norbert Autenrieth, 1950 in Nürnberg geboren, arbeitete nach dem Studium als Lehrer an Grund- und Hauptschulen und promovierte nebenberuflich 1989 in Bamberg. Von 1991 bis 1997 war er wissenschaftlicher Assistent am Lehrstuhl für Schulpädagogik an der Erziehungswissenschaftlichen Fakultät der Uni Erlangen-Nürnberg. Seit 1997 war er in der Schulleitung bzw. als Schulleiter tätig, zuletzt als Rektor der Mittelschule Cadolzburg, bevor er 2012 in den Ruhestand trat. Norbert Autenrieth schreibt unter anderem humoristische Kurzgeschichten in fränkischer Mundart und gibt die periodische Anthologie *ZimmerLese* heraus. Er ist verheiratet, hat drei Kinder und sechs Enkel.

Volker Demuth, 1961 in Süddeutschland geboren, stammt aus einer Arbeiterfamilie. Er besuchte das Gymnasium und studierte an den Universitäten Tübingen und Oxford Philosophie, Literaturwissenschaft und Geschichte. 1993 promovierte er über den Sturm-und-Drang-Dichter Jakob Michael Reinhold Lenz. Danach war er freier Autor und Dozent für Medientheorie und ab 2000 Professor für Mediengeschichte und Medientheorie an der Fachhochschule Schwäbisch Hall. 2004 gab er seine Professur auf und lebt heute als freier Schriftsteller in Berlin und in der Uckermark. Sein umfangreiches Werk umfasst Lyrik, Prosa und Essay und wurde bereits mehrfach ausgezeichnet.

Günter Detro, 1950 in Aachen geboren, studierte Anglistik und Geographie und arbeitete von 1977 bis 2014 als Lehrer in Hückelhoven und Rheinbach bei Bonn, wo er bis heute seinen Wohnsitz hat. Er ist Verfasser zahlreicher Gedichte, Kurzgeschichten und Romane.

Ruth Erat, 1951 im Kanton Appenzell geboren, wuchs in Bern und Arbon auf. Sie absolvierte ein Studium an der Universität Zürich, promovierte 1985 zum Doktor der Philosophie und arbeitete fortan als Lehrerin und Hochschuldozentin. Seit 2016 widmet sie sich ausschließlich der Malerei und der Schriftstellerei. Als Mitglied der Sozialdemokratischen Partei der Schweiz war Ruth Erat von 1991 bis 2001 Gemeinderätin von Rheineck und von 2004 bis 2008 St. Galler Kantonsrätin. Seit 2015 gehört sie dem Arboner Stadtparlament an. 1999 nahm Ruth Erat am Ingeborg-Bachmann-Wettbewerb in Klagenfurt teil.

Pauline Füg, 1983 in Leipzig geboren, wuchs im Raum Nürnberg auf, nachdem ihre Familie zwei Jahre vor der Wende nach Westdeutschland ausgereist war. Nach ihrem Studium der Psychologie an der Universität Eichstätt zwischen 2003 und 2009 lebt sie heute in Würzburg. Seit 2003 tritt Pauline Füg auf Poetry Slams auf und erreichte zweimal das Finale der deutschsprachigen Slam-Meisterschaften. Sie ist Veranstalterin und Moderatorin verschiedener Literatur- und Poetry-Slam-Programme. Im Herbst 2021 erschien ihr zweiter Lyrikband *nach der illusion*.

Ozan Zakariya Keskinkılıç, 1989 in Erbach geboren, studierte in Wien Politikwissenschaften und promovierte an der Berliner Humboldt-Universität mit einer Arbeit über antimuslimischen Rassismus. Heute lehrt und forscht er an der Alice-Salomon-Hochschule in Berlin zu Rassismus und Antisemitismus und ist als freier Autor tätig. Außerdem veröffentlichte er zahlreiche Gedichte in verschiedenen Literaturzeitschriften und Anthologien.

Heribert Kuhn, geboren 1953 in Altötting, hat in München und Göttingen Geschichte, Philosophie und Germanistik studiert und mit einer Arbeit über Robert Musil promoviert. Er lebt heute in München, ist freier Mitarbeiter beim Bayerischen Rundfunk und arbeitet als Publizist. Heribert Kuhn hat zahlreiche Veröffentlichungen unter anderem zu Adalbert Stifter, Theodor Storm, Hermann Hesse und Max Frisch herausgegeben. Seine CD-Rom *Stehender Sturmlauf. Leben und Werk Franz Kafkas* wurde 1997 für den europäischen »Prix Moebius« nominiert.

Anke Maria Laufer, 1965 in Villingen geboren, studierte Ethnologie und Politik an der Albert-Ludwigs-Universität Freiburg, wo sie 1998 auch promoviert wurde. Heute lebt sie mit ihrer Familie in der Nähe von Tübingen. Neben ihrer schriftstellerischen Tätigkeit ist sie als freie Mitarbeiterin im Verlagswesen tätig. Seit 2010 arbeitet sie zudem unter anderem an der Hochschule Biberach und der Universität Tübingen als Dozentin im Bereich kreatives und berufliches Schreiben. Anke Maria Laufer erhielt bereits mehrere Auszeichnungen, darunter den Schwäbischen Literaturpreis.

Christina Müller, geboren 1965 in Arnstadt, studierte Anglistik, Slawistik und Musik in Leipzig und Belgorod (Sowjetunion), brach das Studium jedoch nach drei Jahren ab. Sie arbeitete als kirchliche Angestellte, Englischlehrerin, Musikerin, Gärtnerin, Instrumentallehrerin, Übersetzerin und wurde Mutter von zwei Söhnen. Nach der Wende nahm sie ihr Studium wieder auf: in Warwick (UK), Zwickau, Jena und in Weimar. Heute arbeitet sie als Lehrerin am Gymnasium in Weimar. Christina Müller schreibt Lyrik, Romane und Kurzgeschichten.

Susanne Neuffer, 1951 in Nürnberg geboren, ist in Fürth aufgewachsen. Sie studierte Germanistik, Romanistik, und Empirische Kulturwissenschaften in Tübingen und arbeitete an Schulen in Baden-Württemberg, Nordrhein-Westfalen und Hamburg. Seit 1999 veröffentlicht sie Lyrik sowie Erzählungen und Romane.

Kurt Oesterle, 1955 in Oberrot/Nordwürttemberg geboren, studierte Literatur, Geschichte und Philosophie und promovierte zum Dr. phil. Er ist freier Autor und Journalist und verfasste u.a. Monographien und Essays über Wolfgang Koeppen und Peter Weiss, Friedrich Schiller, Heinrich Heine, Wilhelm Hauff und Ludwig Uhland, Eduard Mörike und Friedrich Hölderlin. Er wurde dafür u.a. ausgezeichnet mit dem Theodor-Wolff-Preis und dem Berthold-Auerbach-Preis und ist Mitglied im deutschen PEN. Zuletzt erschienen von ihm *Die Erbschaft der Gewalt. Über nahe und ferne Folgen des Krieges* (Klöpfer & Meyer 2018), *Die Stunde, in der Europa erwachte* (Klöpfer, Narr 2019) und *Eine Stunde ein Jude. Geschichten gegen Antisemitismus. Von Johann Peter Hebel bis Ricarda Huch und Friedrich Dürrenmatt* (S. Hirzel 2021).

Dan Perjovschi, 1961 in Sibiu/Rumänien geboren, lebt und arbeitet in Bukarest. Er besuchte, nachdem schon früh sein künstlerisches Talent erkannt wurde, eine Schule für begabte Kinder. 1985 erlangte er seinen Master of Fine Arts in Iaşi. Als ihm klar wurde, dass Malerei den sich verbreitenden

Notstand der rumänischen Bevölkerung nicht hinreichend wiedergeben konnte, wurde das Zeichnen sein Medium. Bei einer seiner ersten Aktionen als Künstler wickelte er die gesamte Einrichtung seiner Wohnung in weißes Papier und fertigte darauf Zeichnungen und kurze Texte. Das Verfahren führte er bei späteren Aktionen, in denen er ganze Wände mit Zeichnungen bedeckte, fort. Perjovschi inszenierte zahlreiche Ausstellungen in Europa und Übersee, u.a. 1999 auf der Biennale Venedig, 2005 im Museum Ludwig Köln, 2007 im MoMA New York und 2016 im Dortmunder U, wo er über sieben Stockwerke hinweg die mutmaßlich höchste Wandzeichnung schuf. Während der Corona-Pandemie entstand seine Serie »The Time of the Virus«, aus der die Zeichnungen in diesem Band, realisiert im Kunstmuseum Ravensburg, stammen.

Simone Scharbert ist 1974 in Aichach geboren, hat Politikwissenschaft, Philosophie und Literatur in München, Augsburg und Wien studiert und anschließend in Politikwissenschaft promoviert. Sie lebt und arbeitet heute als freie Autorin und Dozentin in Erftstadt. Seit 2017 hat sie einen Lehrauftrag am Institut für Deutsche Sprache der Universität Köln. Simone Scharbert schreibt sowohl Lyrik als auch Prosa-Werke.

Carolina Schutti, 1976 in Innsbruck geboren, studierte Germanistik, Anglistik und Amerikanistik sowie Konzertgitarre, absolvierte eine Gesangsausbildung und promovierte über Elias Canetti. Nach ihrer Tätigkeit als Lektorin an der Universität in Florenz und als wissenschaftliche Mitarbeiterin im Literaturhaus am Inn brach sie ihr Habilitationsvorhaben zugunsten des literarischen Schreibens ab. Carolina Schuttis

Bücher wurden in zahlreiche Sprachen übersetzt. 2020 wurde sie zum Ingeborg-Bachmann-Wettbewerb eingeladen.

Ralf Schwob, geboren 1966 in Groß-Gerau, ist gelernter Krankenpfleger und legte sein Abitur auf dem zweiten Bildungsweg ab. Er studierte Germanistik in Mainz und war danach unter anderem als Lektor und Redakteur tätig. Seit Mitte der 1990er Jahre veröffentlichte er literarische Arbeiten in Anthologien und Zeitschriften, bevor 2003 sein erster Roman *Geschlossene Station* erschien. Ralf Schwob ist verheiratet und hat eine Tochter.

Katrin Seglitz, 1960 in München geboren, begann 1980 an der Ludwig-Maximilians-Universität Neuere Deutsche Literatur, Philosophie und Kunstgeschichte zu studieren. 1980 bis 1981 absolvierte sie ein Auslandsjahr an der Pariser Sorbonne. 1984 ging sie nach Tübingen und besuchte die Creative-Writing-Seminare von Walter Jens. Nach ihrem Magister-Abschluss im Jahr 1988 arbeitete Katrin Seglitz als Journalistin und erhielt am Leibniz-Kolleg in Tübingen einen Lehrauftrag für Kreatives Schreiben. 1994 verlegte sie ihren Wohnsitz nach Ravensburg, wo sie unter anderem eine Textwerkstatt leitet und Vorträge über Persönlichkeiten der Zeitgeschichte hält. Katrin Seglitz schreibt Romane und Kurzgeschichten.

Simone Trieder, geboren 1959 in Quedlinburg, studierte Sonderpädagogik und war anschließend Regieassistentin in Zwickau, Karl-Marx-Stadt und Halle. Seit 1992 ist sie freiberufliche Autorin. Sie schreibt Lyrik, Prosa, Dramatik, Kinderbücher, Radiofeatures, Werke zur Halle'schen Regionalgeschichte und arbeitet ab und zu journalistisch. Simone Trieder hat zwei erwachsene Kinder.

Claire Walka, geboren 1978 in Stuttgart, studierte an der Hochschule für Gestaltung Offenbach am Main Visuelle Kommunikation mit Schwerpunkt Film und absolvierte ein Auslandssemester im Bereich Videogestaltung an der Facultat de Belles Arts in Barcelona. Im Jahr 2006 schloss sie ihr Studium mit dem Diplom ab. Seit 2007 lebt und arbeitet sie in Hamburg. Claire Walka schreibt Kurzgeschichten, Drehbücher, experimentelle und lyrische Texte und realisierte als Regisseurin und Drehbuchautorin zahlreiche Kurzspielfilme, Musikvideos und Clips.

Bernd Watzka, geboren 1969 in Tirol und aufgewachsen in der Steiermark, studierte Germanistik und Psychologie. Er lebt heute in Wien, wo er als Kulturjournalist und Dramatiker tätig ist.

Dierk Wolters, 1965 in Frankfurt geboren, wuchs im Taunus auf. Er studierte Germanistik, Geschichte und Philosophie in Heidelberg und Berlin und promovierte über Thomas Manns Romantetralogie *Joseph und seine Brüder*. Wolters arbeitete als freier Journalist bei verschiedenen Zeitungen in Berlin und Potsdam. Seit 1999 ist er Kulturredakteur mit den Schwerpunkten Kunst und Literatur bei der Frankfurter Neuen Presse. 2015 veröffentlichte Wolters seinen ersten Roman.

Eva Christina Zeller, geboren 1960 in Ulm, ist in Stuttgart als Tochter eines evangelischen Pfarrers aufgewachsen und hat in Berlin und Tübingen Philosophie, Germanistik, Theaterwissenschaft und Rhetorik studiert. 1988 wurde sie Lektorin an der University of Otago im neuseeländischen Dunedin. Heute arbeitet sie als freie Autorin und Rundfunkjournalistin und unterrichtet kreatives Schreiben am

Leibniz Kolleg der Universität Tübingen. Ihr Werk umfasst Prosatexte, Theaterstücke sowie Gedichtbände und wurde bereits mehrfach ausgezeichnet. Eva Christina Zeller lebt in Tübingen und ist Mutter von zwei Töchtern.

Manuel Zerwas, geboren 1987 in Speyer, studierte Deutsch und Sport in Landau und in Mainz. Er arbeitete zunächst als Erzieher in einer Kindertagesstätte, bevor er 2015 in den gymnasialen Schuldienst trat. 2014 erschien sein erster Lyrikband *Sinn im Unsinn.* 2016 veröffentlichte er mit *Jonas, nimm den Dinosaurier aus der Nase!* Geschichten aus dem absurden Alltag eines Kita-Erziehers.

Thomas Knubben, Uta Kutter, Hubert Klöpfer (Hg.)
Wächst das Rettende auch?
Eine Preisfrage mit 20 prämierten Texten, Zeichnungen von
Dan Perjovschi und einem Nachwort von Kurt Oesterle
1. Auflage
Stuttgart, Kröner 2021
ISBN: 978-3-520-91201-5

Umschlagfoto: Barbara Klemm
Umschlaggestaltung: Denis Krnjaić
Zeichnungen im Text: Dan Perjovschi aus der Serie
»The Time of the Virus«, 2020/2021

Klimaneutral
Druckprodukt
ClimatePartner.com/12514-2107-1022